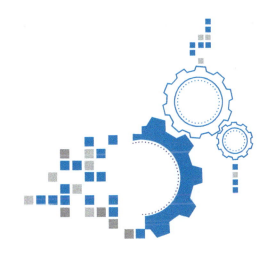

钟华◎编著

数字化转型的道与术

以平台思维为核心支撑企业战略可持续发展

机械工业出版社
China Machine Press

图书在版编目（CIP）数据

数字化转型的道与术：以平台思维为核心支撑企业战略可持续发展 / 钟华编著 . —北京：机械工业出版社，2020.9（2023.9 重印）

ISBN 978-7-111-66679-0

I. 数… II. 钟… III. 数字技术 – 应用 – 企业战略 – 战略管理 – 研究 – 中国　IV. F279.23-39

中国版本图书馆 CIP 数据核字（2020）第 185395 号

数字化转型的道与术
以平台思维为核心支撑企业战略可持续发展

出版发行：机械工业出版社（北京市西城区百万庄大街 22 号　邮政编码：100037）
责任编辑：赵亮宇　　　　　　　　　　　责任校对：李秋荣
印　　刷：北京虎彩文化传播有限公司
版　　次：2023 年 9 月第 1 版第 9 次印刷
开　　本：170mm×240mm　1/16
印　　张：15.75
书　　号：ISBN 978-7-111-66679-0
定　　价：89.00 元

客服电话：(010) 88361066　68326294

版权所有 · 侵权必究
封底无防伪标均为盗版

Preface 前 言

四年前,当我怀着忐忑的心情写完《企业 IT 架构转型之道》[⊖] 一书后,一直担心书中所写的内容是否能得到读者的认同。毕竟该书只是基于自己对阿里巴巴中台演变历程的了解,结合自己过去多年对传统企业 IT 系统建设的经验所整理出的一些想法,而且它也是笔者所写的第一本书。自从该书出版以后,笔者收到了大量的读者反馈信息,并得到来自阿里巴巴的同事、传统企业的领导、架构师等技术同人的认同,读者也对书中的内容提出了非常有价值的建议,在此感谢大家的支持和鼓励。

在过去的几年中,中台俨然成为业界关注的热点,中台的理念已经被越来越多的企业领导者所认可。这些企业有的处于观望状态,有的迈出了中台建设的第一步,有的则已经进入中台建设的深水期。我在与这些企业的交流沟通中,意识到中台的架构理念确实给这些企业提供了有益的参考。

同时,在过去的几年中,我参与了多家传统大型企业的数字化转型工作,当看到企业因为好的架构理念和建设方法真正摆脱了之前企业业务发展和转型过程中存在很长时间的羁绊时,我会由衷地为这些企业感到高兴;当企业在推动数字化转型过程中遇到了阻碍时,我会为之担心并反思之前方案的不足以及产生问题的原因。伴随着传统企业的数字化转型建设和发展,我对数字化转型也有了更全面、深入的理解。

⊖ 该书于 2017 年 5 月由机械工业出版社出版,书号为 978-7-111-56480-5。——编辑注

我发现，每个企业的数字化转型一定与这家企业的基因、现有业务架构、人才体系、企业文化等息息相关，单纯的理念分享不足以支撑企业在中台之路上行走得稳健和长久，企业需要一套更加体系化的架构设计方法论来引领数字化转型工作。

在前一本书所带来的不错的社会反响的鼓舞下，我有了更强烈的意愿，想将这些传统企业在数字化转型建设过程中遇到的问题、最佳实践、科学的方法论、好的运营模式和新的体会分享给更多人，让更多的企业在数字化转型过程中少走弯路，因地制宜打造好企业自身独一无二的转型之路。

本书沿袭了前一本书的编写思路，不会深究具体技术的使用和业务的实现，甚至相比前一本书，更少地涉及纯技术平台和工具的内容，更多的是分享一些自己几年来在数字化转型及中台建设实践中新的发现和思考，这样也有机会弥补前一本书中部分内容不太完善的缺陷。正所谓"有道无术，术尚可求；有术无道，止于术"，技术对于绝大多数企业来说就是"术"，正确的"道"才是更值得企业领导者关注和思考的问题。希望通过本书能让更多的企业领导者、CIO 和架构师以更全面、更正确的视角理解数字化转型，设计自己企业的数字化转型之路。

如今的社会已经进入数据智能时代，云计算、大数据、人工智能、物联网等新技术不断涌现。企业如何将这些技术为己所用，让技术真正给企业带来价值？我认为需要有一个科学的顶层架构设计来更好地梳理这些新技术、组织、人才、文化间的关系。一百多年前，弗雷德里克·温斯洛·泰勒（Frederick Winslow Taylor，1856—1915）发明的流水线作业方式推动了生产方式的变革，让我们看到管理方式的变革促进了社会的进化。在当前新时代，我们要发扬当年泰勒的科学探索精神，让探索和沉淀出的中台架构和数字化转型的方法论能推动组织关系的再次变革！

数字化转型已经成为当今社会发展的一股强流，不同的人对于数字化转型的理解和认知会存在或多或少的差异，我将近年来在互联网企业和产业互联网平台实践过程中的所学所思梳理出来，希望给更多的人带来启发和帮助。

每一本书的编写都凝聚了很多人的汗水和智慧，除了我本人外，还有好几家企业的管理者——唐坤军（特步集团前CIO）、沈浩（上海帜讯信息技术股份有限公司总经理）、黄振华（乐商云集CEO），以及同事赵勇、吴俊峰参与了本书部分章节的编写，从不同的视角、业务领域对企业数字化转型和中台建设给自身企业和行业带来的帮助和价值做了非常精彩的阐述。在这里特别感谢特步集团的前CIO唐坤军，唐总贡献的案例充分反映出特步集团信息技术人员的行业情怀和魄力，生动地描述了他们在当时巨大的压力下如何迈出中台建设的步伐，相信很多人都会感谢唐总为行业做出的表率。

钟华

2020年7月于上海

目录 Contents

前言

第一章 数字化转型与中台架构 ······ 1

一、通过数字化转型来实现更好的商业价值 ······ 2
二、数字化转型的落地需要有新的思维 ······ 4
三、数字化转型是一个持续发展的过程 ······ 5
四、数字化转型需要新的组织和人才体系 ······ 7
五、中台架构发展简介 ······ 9
小结 ······ 14

第二章 数字化转型中平台思维的十大要素 ······ 16

要素一：业务全局视角贯穿业务链 ······ 18
要素二：构建支撑业务优化的数据链路闭环 ······ 22
要素三：以用户体验最佳为重要原则 ······ 28
要素四：提供复用能力支持业务快速创新 ······ 32
要素五：支持业务上下游企业的网络协同 ······ 36
要素六：支持多个开发团队协同共建 ······ 40

要素七：支持用户个性化及业务扩展需求 …… 44

要素八：团队从项目式建设为主转向数字能力产品运营 …… 53

要素九：支持基于能力开放的外部合作伙伴生态共建 …… 65

要素十：从职能型组织架构向业务导向型组织架构转变 …… 72

小结 …… 88

第三章　中台架构的建设思路 …… 90

一、业务中台的架构与落地形态 …… 90

二、业务中台与数据中台相辅相成 …… 94

三、中台建设的方式与发展路径 …… 98

四、中台建设的风险与挑战 …… 109

五、基于中台架构的新业务建设原则 …… 114

六、中台架构与微服务的关系 …… 117

小结 …… 121

第四章　中台服务设计及平台化运营体系 …… 122

一、中台服务设计 …… 122

二、业务运营体系 …… 150

三、数字能力运营体系 …… 153

四、能力开放平台 …… 160

小结 …… 161

第五章　高阶数字化转型——产业互联网 …… 164

一、产业互联网承载的社会使命 …… 164

二、产业互联网构建的理论基础 …… 166

三、当前产业互联网的实践观察 …………………………………… 168

四、第一、第二产业互联网平台的建设思路 …………………… 171

五、产业互联网平台必须具备的基础能力 ……………………… 174

六、构建产业互联网的三大关键技术点 ………………………… 177

小结 …………………………………………………………………… 179

第六章　新零售数字化转型案例 …………………………………… 180

一、特步公司业务发展历史与 IT 建设回顾 …………………… 180

二、对 IT 建设的感悟 …………………………………………… 186

三、特步公司 IT 变革与创新的过程 …………………………… 187

四、项目总结 ……………………………………………………… 195

第七章　产业互联网平台案例 ………………………………………… 201

一、影子科技的发展战略 ………………………………………… 201

二、中台战略启动与组织架构调整 ……………………………… 206

三、进行战略认知的统一 ………………………………………… 208

四、非洲猪瘟促使了战略调整 …………………………………… 210

五、对大数据团队的组织微调 …………………………………… 213

六、影子科技产业平台架构建设 ………………………………… 215

七、项目总结 ……………………………………………………… 221

第八章　SaaS 平台架构转型案例 …………………………………… 222

一、SaaS 企业的机遇和挑战 …………………………………… 222

二、SaaS 平台分析 ……………………………………………… 223

三、中台项目的建设历程 ………………………………………… 229

四、项目总结 ……………………………………………………… 235

第一章
数字化转型与中台架构

最近这几年,似乎整个商业界都在谈论数字化转型,越来越多的企业参与了数字化转型的实践探索,我认为一个主要原因是互联网企业风起云涌,这基本上成了商业发展中的关注热点,与这些企业的成功有着密切联系的云计算、人工智能和物联网等新科技自然也受到了更多人的关注。很多人认为数字化是与这些新科技息息相关的,甚至画上了等号,再加上在国家政府层面对于数字化转型的倡导,自然将数字化转型推向了当前整个社会的发展建设热点。

但是很明显,大多数人并没有真正理解数字化转型的真谛,数字化转型实际落地效果往往也难以达到企业的预期,甚至明确是以失败告终。究其原因,利用这些新科技确实能在某些场景中带来传统技术手段不可比拟的优势,有些给客户带来了新的商业体验,但数字化转型重在转型,数字化只是手段。如果一味着迷于新科技的使用,认为只要用了新科技就是进行数字化转型,会将很多企业的数字化转型引向一个非常危险的方向。

笔者一直认为,技术本身不会创造商业价值,只有将技术应用在商业和业务中,才能真正让企业因为使用技术而创造商业价值,也就是说,技术服务于业务才能发挥技术的价值。例如,淘宝的底层技术因为很好地支撑了淘宝的电商业务而获得广泛赞誉，但体现更大价值的是淘宝相比于传统线下销售方式的模式差异；使用无线射频识别标签可以精准识别空间中的物理个体（如服饰店里的衣服），这有可能带来商品运营模式的改变。所以在数字化转型中，如果把战略重点放在数字化上就会传递一个错误的信息，甚至出现本末倒置的现象。所以，企业在制定"数字化转型战略"时，应把重点放在如何利用数字化的方式解决业务问题并实现商业目标，即**企业不需要单纯的数字化战略，需要的是一个更具商业目标的战略**，只不过这个战略将通过数字化来实现。

一、通过数字化转型来实现更好的商业价值

确切地说，真正的数字化转型是对现有企业从战略到商业模式上的重构，这样企业的产品更智能，商业模式更加数字化，内部运作效率至少实现倍数级增长，具备相比初创企业一点也不逊色的业务创新效率。实际上，在数字化转型的概念流行之前，很多优秀企业的信息化建设方式已经契合了数字化转型的核心逻辑，并驱动了商业模式的持续升级。所以，要成功实现数字化转型，非常重要的一点是**找到商业模式和数字化的结合点，如果能找到其中的关键支点，则会让数字化转型过程事半功倍**。

下面介绍一个农业产业平台建设中的案例，说明数字化是如何与商业结合，给企业带来商业价值的。

这是一个农业产业平台，定位于给生猪行业的企业提供从饲料加工、养殖到屠宰端的服务，通过现代技术帮助养殖户提升精准养殖能力，从而提升养殖产能，降低生产成本，同时实现生猪的全程食品安全溯源。从生猪养殖的角度来说，母猪的生长和仔猪繁殖直接决定了一家养殖企业的经营效益，也就是说，在母猪身上挖掘出更多的商业价值，就能直接给企业带来稳定的收入增长。营养、生物安全、配种等方面都会影响到母猪最终

的生产指标。这里以营养喂食为例，母猪在什么生产阶段、什么样的身体状态（背膘率等）下吃什么配方的饲料，吃多少饲料，不仅对母猪的生产结果有直接影响，也决定了饲料成本。当前养猪行业绝大多数企业采用的还是粗犷式养殖方式，即对在一个猪舍的母猪都采用同样的饲料和统一的饲喂量，而每头母猪的个体状态都有或多或少的差异，采用统一喂食的方式就会带来母猪生产指标不稳定、饲料被浪费等情况。如果能解决这个问题，将会稳定母猪的生产指标并降低饲料成本，从而带来可观的经济效益，而要解决这个问题，必须借助数字化技术和手段。

解决这个问题的思路就是，掌握每一头母猪的精准数据，针对母猪的生理、体重等状态进行精准饲喂。一个猪场里有成百上千头猪只，而且猪只在不同的生长阶段会在不同的猪舍间流转，如果采用人工的方式，即通过读取猪只耳朵上的耳号来识别猪只个体，再进行猪只状态和饲喂量的调整，不仅会大大增加养殖人员的工作量，效率低下，而且还会出现数据不准确的情况，甚至带来生产事故。如果在更大型的猪场，这样的操作方式几乎是不被企业接受的。所以首先要解决猪只身份的问题，让猪只在不同猪舍养殖和流转过程中，养殖人员都能非常方便地识别猪只身份，再与精准饲喂设备产生实时联动，就能解决效率低的问题。采用 RFID（Radio Frequency Identification，无线射频识别）技术，给每一头母猪都佩戴一个具备 RFID 的电子耳标，这样在整个猪只的养殖过程中都能通过识别设备与系统进行实时交互，大大提升养殖人员的操作效率和体验，同时避免了数据录入错误等问题，这就是典型的将业务数字化的过程。

要实现精准饲喂，除了解决猪只身份信息识别问题外，还需要针对猪只的生理状态提供个性化的饲喂方案，制定这些饲喂方案需要考量母猪的品系、胎次、生理阶段、身体特征等很多因素，而这个计算逻辑是通过对几万头母猪进行成千上万次的试验才得来的。这里几万头母猪产生的各种数据就是大数据，试验而来的计算逻辑就是算法，好的算法就能实现母猪生产指标和饲料成本的最佳平衡，这个过程就是数据智能化。沉淀出的算法应用于实际的饲喂环节，就是将数据回归到业务的过程。通过 RFID 技术和大数据算法能力，实现了养殖企业精准饲喂，从而为企业带来实实在在的商业价值，甚至成为企业在行业中的核心竞争优势。

通过这个事例可以看出，**数字化转型是企业的战略**，这个转型应侧重于业务和商业，而不是侧重采用哪种高新技术，给企业带来实在的商业结果才是数字化转型的正确思路，最有价值的转型是通过一系列技术和管理干预来改变业务而实现的。

二、数字化转型的落地需要有新的思维

当企业对数字化转型有了清晰的业务方向和规划后，在落地层面需要有一些不同于以往的思路和思维方式，如果依然沿袭过往的系统建设方法，从很多企业实际落地效果来看都不甚理想。

在过去 20 多年的大部分时间里，传统企业在业务的发展过程中，不断通过 IT 工具和技术来实现业务的自动化、标准化和规范化，从而实现业务效率的提升和有效管控，可以称之为数字化转型的早期版本。在此过程中出现了一系列行业软件提供商，比如以 SAP 为代表的 ERP 平台厂商，这些类型的软件服务商在支持企业业务系统建设的过程中，不断在产品中进行业务和行业最佳实践的沉淀，从而为更多的企业提供足够优秀的业务平台。这样的平台厂商在一段时间内既扮演着业务系统提供方的角色，又为这些还处于业务发展初期的传统企业带来了业界最佳实践和方法，为这些企业走向业务自动化、流程化、标准化做出了非常有价值的贡献。

近几年，移动互联网的迅猛发展让绝大多数的传统企业感受到了互联网时代带来的冲击，围绕移动互联网产生了一系列新的产品营销方式、用户体验，甚至产品设计模式，很多传统企业开始尝试"互联网+"之路，比如根据自身优势开展电商直销、B2B 电商交易、产业链整合、上

下游协同平台等互联网业务。这样的变化对于很多企业来说是一次重大的机遇，同样也是一种巨大的挑战，因为他们发现，以前看别人怎么做，自己跟着怎么做的"跟随战术"在互联网时代已经不起作用了，因为我们已经处在一个信息瞬息万变、消费者偏好和需求频繁变化的时代，"唯快不破"的业务创新能力正展现出比以往任何时代都强大的战斗力。

这样的环境变化对传统企业的IT系统建设思路也带来了冲击，没有一个系统原生就能让企业具备这样的业务快速响应和创新能力，企业也无法通过买系统的方式获得比竞争对手更强的创新业务能力；另外，越来越多的中国企业随着中国这一波经济高速发展的大潮，把握住了市场发展的脉动和机会，已经将企业打造到一个较高的业务高度，甚至在某些方面走到了世界的前列，前方已经没有了可供学习和借鉴的对象；有些企业也培养出了自己的专家，对企业自身领域内的业务具备足够深度和广度的认识，业务理解、专业能力甚至走到了行业的前列，这样的情况就使得之前主要靠"沉淀行业最佳实践"的平台厂商给企业带来的价值不像以前那么大了。

时代在进步，企业也要谋求更好的数字化转型的建设之路，需要一套更科学的建设思路、架构设计和建设方法，能让传统企业更好地在当今的互联网时代生存和发展。笔者认为思维方式直接关系到数字化转型最终的落地形态和效果，是数字化转型的关键所在。在下一章，笔者会将个人在成功企业和产业平台建设中的所见所思整理成利用平台思维进行数字化转型建设的十大要素，供各位读者参考。

三、数字化转型是一个持续发展的过程

笔者认为，数字化转型不是一场轰轰烈烈的跃进，而是一个持续发展的过程，是随着社会和科技的发展，不断适应、发展、演变的过程。所以对于社会上有人所说的哪家企业的数字化转型成功这类说法，笔者认为并不准确，只能说这家企业通过数字化转型达到了一个预期阶段性目标，并

不是转型的结束，没有结束，就不能给予转型成功的定论。数字化转型有一个好的开始，会让后续的发展更加顺畅，也让企业管理者对数字化转型之路更有信心，会更坚定地走下去，增加对后续数字化转型的支持，但这并不代表在后续的转型过程中就一定会顺风顺水，把握不住商业模式和数字化的结合点、落地思路出现偏移、组织协同不能更灵活地支撑业务创新，凡此种种都可能将数字化转型带入停滞不前的沼泽之中。

在数字化转型过程中，也不建议制定过大、过快的建设计划。要具备如顶尖互联网企业或行业中数字化转型翘楚企业的数字化能力并非一朝一夕之功，需要基于企业自身的业务模式、企业文化、组织人才、技术能力等多方面综合考虑，制定适合自己的数字化转型目标和建设路径，并不是把最新的商业模式引入企业，就能让企业发生脱胎换骨的变化，绝大多数企业可以通过很成熟的技术和方法，比如云计算、大数据、SOA（Service Oriented Architecture，面向服务的架构）等，结合业务转型给企业带来巨大的商业回报和价值。

具体来说，数字化的建设首先离不开企业的业务战略。不同于企业使命和价值观那样很长时间都不会轻易改变，业务战略会基于企业自身发展所处的阶段和市场发展态势进行调整，而只要业务战略发生了调整，必然会带来组织和业务架构的变化，同时也会有业务流程、规则等IT系统相关的需求，数字化能力要能在此过程中满足这些需求的快速响应和变化，所以**数字化建设是随着业务的发展不断演变的过程**。

数字化建设一定是针对业务全局进行的总体规划设计，在实际落地时，往往是基于业务需求的紧迫性和业务价值体现从业务局部入手，逐步建设，逐渐扩展业务范围。如果按照总体规划设计，全面进行业务建设，战线拉得太长便对组织管理和协同提出了更高的要求，在数字化地基不稳固、专业人员不足的情况下，这种做法成功的概率就非常低了，实际上目前在业界几乎没有成功案例。也就是说，数字化转型的建设过程是从业务局部逐步延展到全局，从企业内业务向企业外业务不断扩展的，建设范围和边界不断扩大。从之前笔者参与的大型企业建设案例来看，业务范围比较广泛时，这个过程至少会持续5年以上。在此段时间内会不断有新系统的建设，有新的能力沉淀，有新技术的使用，这几年的时间就是数字化不断建设发展的时间。

最后，从组织的角度来说，数字化转型会带来组织架构的调整，需要更适应的企业价值观驱动数字化转型的发展，而凡是企业文化和价值观的建设，都不是通过阶段性运动就能有效构建起来的，而是在数字化战略确定之初和业务发展中不断巩固和完善的。数字化转型也对组织提出了新的人才要求，拿来即用的外部人才实际上少之又少，大多人才是在转型历程中，由企业原有人员通过不断提升转变而来的，人才的培养和成长也都需要一个必经的过程。综合来说，数字化转型也是组织和人才的升级转型，这需要企业给予足够的关注，投入足够的精力去打造和完善，是一个长期持续的重要工作。

数字化转型虽然是一件长期持续的事情，但没有哪个企业会容许数字化转型或平台的建设在1~2年后仍然无法给企业的业务带来明显的提升，这就需要企业做好数字化转型业务发展的总体规划蓝图，以及每个阶段的业务目标，保持阶段性（最好控制在3~6个月）的商业价值产出，让企业领导者和业务部门能在数字化转型过程中持续感知到数字能力给企业业务和竞争力带来的提升，从而得到他们对数字化转型的进一步支持；同时，对于数字化转型的落地者来说，也能从这些反馈中吸取教训并得到正向评价的鼓舞，让企业数字化转型在正确的方向上，以积极的态势继续发展。

四、数字化转型需要新的组织和人才体系

在我跟一些企业领导进行关于数字化转型的探讨时，不少领导会提到一个问题："数字化转型跟企业以往的信息化有什么区别？"初闻这个问题确实不好回答，并不是企业做了一些面向互联网场景的系统就是数字化转型，也并不是采用了一些互联网技术就是数字化转型，而且目前绝大多数

承担企业数字化转型重任的团队依然是以原有的信息化团队为主体，这些事实放在这里，如果单纯从业务建设范围的角度和技术的角度考虑，我认为这些都不是数字化转型和传统企业信息化的根本差异。

曾经听到一位行业大咖讲过一句话："在接下来的数字经济时代，80%的传统企业将会转型为科技公司。"我个人对这句话非常赞同。企业从自身角度出发，自然希望通过科技手段来提升业务效率，构建核心竞争力，而传统企业有足够丰富的业务场景，这为打造核心技术能力创造了得天独厚的条件，在这个过程中沉淀了对行业甚至对社会有价值的能力，从而可以将这些能力对外输出，像其他科技公司一样将这些数字能力变成企业营收的来源。所以传统企业以前可能是通过卖衣服、卖汽车、提供金融服务获取营收，将来会有越来越多的企业通过在这些业务场景中沉淀的科技能力进行对外的商业输出，赚取除传统商品销售利润之外的营收。

一家企业从销售传统商品转变成具备传统产业能力＋科技能力，从某种程度上来说是业务模式的转变，这势必会对企业的组织、人才、协同机制提出更高的要求。既然企业加入了科技公司的行列，就需要在与其他科技公司的竞争中具备自身的核心竞争力，而竞争力的打造来自产品、交付、组织、运营等多方面。比如产品研发团队需要专业的产品设计、软件工程能力，这就对很多传统企业的信息技术团队提出了更高的要求。所以每当企业领导者问我，数字化转型建设是否需要非常专业的团队才能驾驭时，我都会给出明确的答复——是的。数字化转型一定不是在现有组织、人员能力保持不变或变化不大的情况下就能做好的，**一定需要对现有的组织人才进行能力升级，并且需要引入专业人才，才能真正支撑起数字化转型的持续发展**。

数字能力成了企业的商品，企业就需要像科技公司那样构建起完整的产品设计、研发、销售、交付体系，这对于很多传统企业来说都会是一个不小的挑战，不少企业也意识到了这个问题，会以独立公司的方式来运营科技板块的业务，希望从运营机制、组织架构、薪酬体系等方面与传统业务板块区分开。坦白地讲，我认为这样的做法有利有弊，关键是要控制好科技板块与传统业务板块的协作，科技板块要依托传统业务板块才能打造出差异化的能力，至少在前期数字能力的建设上，一定是完全依赖企业传统业务板块的支持的，但不同的组织机制、薪酬体系（往往科技板块的薪酬会高于传统板块）的差别会让传统业务板块的人员心存不满，如果再加上科技板块前期因为产品不成熟给传统业务方带来的生产影响，就会让这种隔阂变得更加明显。所以在哪个阶段进行板块内的能力孵化，何时成立独立的科技公司，科技板块和传统板块间机制的差异化程度如何，高层领导者采用怎样的业务全局调度方式等，都会是传统企业在构建科技板块业务过程中需要平衡和解决的问题。

总的来说，传统企业向科技型企业发展会是一个发展方向，在此过程中，既要考量企业高层领导的业务格局和转型魄力，又要考虑组织协同、人才能力提升等各种问题，这些都会是转型中不可避免的问题，企业解决问题的过程也是逐步具备成为一家科技公司的能力的过程。

五、中台架构发展简介

数字化转型需要一个科学的架构和体系来支撑其落地和持续发展，从实际案例和各企业数字化转型团队的反馈来看，**中台架构是绝大多数企业在落地数字化转型过程中首选的核心架构**。阿里巴巴集团在 2015 年启动中台战略，至今已经过去 5 年多，很多企业通过面对面的交流、云栖大会峰会和各类论坛，以及各类书籍、文章等方式了解和学习了中台的架构，但仍然有些企业的领导者、架构师，特别是缺乏实践的人对中台一知半解，甚至产生理解上的偏差。作为早期在行业内推广中台架构的人，我目睹了中台架构经过这几年的实践和发展，无论在理论体系还是实践方法论方面都有了长足的进步，这里先对企业中台发展的历程和理念做一个简单的介绍，本书第三章、第四章会详细介绍中台架构总体建设思路以及具体实现方法，使读者更加深刻地理解"中台"的本质，并能参考这些信息更准确地进行数字化建设。

关于阿里巴巴集团为何启动中台战略以及实际架构的演变过程，我在《企业 IT 架构转型之道》一书中进行了详细阐述。继 2015 年 12 月阿里巴巴集团对外宣称启动中台战略之后，为了更高效地发挥中台的战略价值，集团进行了一系列的组织架构调整。总体来看，从早期孵化出的创新业务"聚划算"，到如今的"钉钉"、lazada（阿里巴巴集团收购的东南亚最大的电商平台）、"饿了么"（阿里巴巴集团在 2018 年收购的外卖平台），这些平台都能快速融入阿里巴巴集团的技术和业务体系中，中台架构在其中起到了举足轻重的作用，成为阿里巴巴集团在互联网领域持续保持高效创新和探索的坚实底盘。

中台战略的落地，自然需要一套科学的技术和业务架构来支撑，我个人是 SOA 的坚定拥护者。SOA 是目前业界验证过的能真正赋予企业业务快速响应和创新能力的科学架构，包括如今如火如荼的"微服务"架构其实也是 SOA 方法论在面向互联网场景下更适合的一种技术路线。而中台架构所基于的理论基础正是 SOA，是将核心业务能力以服务的方式进行有效沉淀，实现服务在不同场景中的业务能力重用，而这个"重用"在我看来才是 SOA 的最大价值。一个企业要想实现真正快速的业务响应，特别是对新业务支撑效率的提升，如果不在业务层面做好沉淀，仅仅在纯技术层面（开发框架、UI 规范、计算资源池等）进行沉淀和改进，其工作效率的提升还是有限的。因为如果只是单纯在技术层面做好准备，那么业务上还是从 0 开始建设，而如果在业务层面做了沉淀，一个新建系统可能有 30%～40% 的核心业务服务和数据模型都是现成的，只需要基于这些现成的服务进行组装和扩展来实现新系统的需求，采用这种方式的效率一定远超前一种。

截至 2019 年年底，据我所知，全国已经有几十家传统企业参考阿里巴巴集团的中台建设理念和经验进行了自身的中台建设，在与这些企业交流和合作的过程中，我经常会被问到一个问题："既然有中台的提出，自然就会想到前台和后台，面向用户和终端的系统可以纳入前台中，那么哪些是后台呢？"这个问题确实让不少人感到困惑，而阿里巴巴集团在启动中台战略时，也没有提到何为后台。在对多家传统企业的业务及系统进行调研后，我们发现企业中并不是所有业务都追求快速应变和创新、开放和共享，有些业务追求的是流程化、标准化，强调集中管控，而且业务的用户群体是企业内部员工，不会出现高并发、海量数据这样的场景。从中台的建设目标和价值体现来说，中台是为了在前端的业务发生变化和进行新业务探索时提供最高效的业务支撑能力。结合之前的调研结果以及中台的价值彰显角度，我在两年前整理了一张图，如图1-1所示，这幅图中对应将哪些业务纳入后台有一个大致的评判标准。

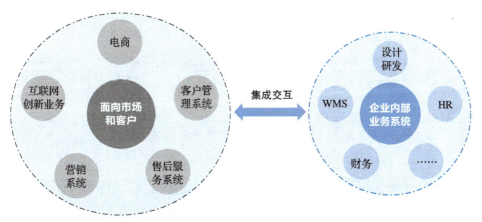

图1-1　外松、内紧成为划分中、后台的评判标准

对于那些用户是企业内部员工，强调事务的严谨性，强调流程标准、可管控的系统，以OA（Office Automation，办公自动化）、财务、人力资源管理系统为代表，不是不能以中台的方式建设，而是这样的系统基于中台建设后带来的业务价值并不大，如果此类系统还能在企业中行使很好的业

务职能,就继续运维使用,放在后台比较适合。

有些业务需要快速响应,需要随着市场和用户的需求快速进行调整和应变,为了更好地构建生态体系,还需要将企业核心业务能力开放共享,经常面临高并发访问和海量数据读写的情况,尤其以电商平台、CRM(客户关系管理)、营销平台为代表,这样的业务就非常适合采用中台架构建设,可充分发挥中台业务持续沉淀、快速支撑业务创新的价值。我们将这种衡量一个业务是否适合基于中台建设的标准称为"外松、内紧"。

根据这样的业务划分标准,面向传统企业中台的典型架构图如图1-2所示。我们一般会将财务、人力资源、生产制造、产品设计等作为企业后台业务,由中台负责核心业务和数据的沉淀、运营,向上支撑前台的各种业务平台建设,比如电商、POS、CRM、营销平台、分销平台等,整个中台会包括"业务中台"和"数据中台"。如果需要将企业中台核心的业务和数据对第三方平台和应用开放,则通过"能力开放平台"对外进行开放。

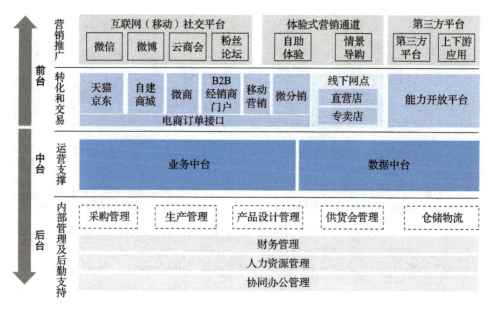

图1-2 企业中台的典型架构图(早期)

从今天来看，这个架构让很多人产生了误解，认为中台只适合营销端的业务场景，不适合其他如生产制造、工程建设等业务领域，但从近几年对生产管理、生产制造领域平台建设的过程来看，中台架构理念对这种业务场景同样能发挥作用，因为**中台的本质是通过数据统一、实时、在线实现全业务链的贯通、个性化需求扩展以及业务实时联动等价值**，所有的业务系统均处于企业的整个业务链上，对这条业务链部分环节业务的优化将来势必会波及其他环节的业务，使其发生变化和调整。过去几年，我们建议将面向市场和用户端的业务先落实到中台，因为这些业务更能发挥中台的作用，等到这部分业务变得足够灵活、快速后，势必会倒逼后端的供应链、生产制造、产品设计等，使其都发生变化，只不过这个变化到来的时间或早或晚，企业要判断能否接受对这些系统进行中台改造后的投入产出比。目前，已经有不少企业基于中台架构对生产管理、产品设计、供应链领域进行改造，利用中台架构的特点实现业务链的业务联动并满足业务快速响应、个性化的需求，所以按此趋势发展下去，会有不少企业的整体业务均在中台架构体系中，业务链上所有业务均基于中台构建，也就没有了所谓后台。如果真要加一个"后台"，那么后台指的就是如基础设施（IaaS）、大数据、中间件（PaaS）等通用技术平台。图1-3更准确地描述了中台架构。

"业务中台"和"数据中台"将针对不同场景提供相应的中台服务，进而构建出不同的业务产品，将如中间件、IoT、大数据平台等通用技术组件划归到技术中台的范畴，同时辅以相应的针对业务、数字资产的运营平台，整体运营体系将在后面的章节中更详细地描述。

以上是对中台架构发展至今的一个简短回顾，希望各位读者对于中台的理念有一个基本的了解，这有助于理解第二章中的平台思维。

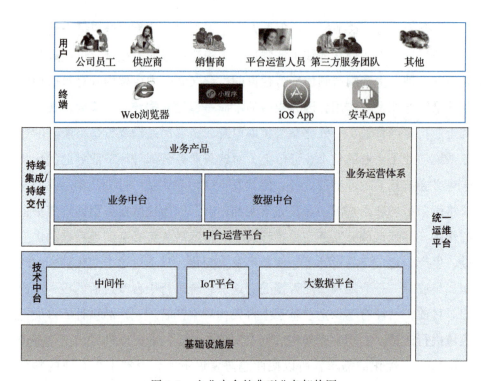

图 1-3　企业中台的典型业务架构图

小结

从工程师到架构师,到技术管理者,再到业务管理者,我热爱学习技术,但更让我备感振奋的是,利用合适的技术能给企业带来达到预期甚至超出预期的业务价值和目标。所以我从来不倡导企业一定要使用所谓最先进的高新科技,也从来不会告诉企业管理者去轻视迅速崛起的数字化创新,而应该从实际的业务和发展的角度来考虑用何种恰当的技术来支撑业务,当技术使用得当时,就能为企业带来一波又一波的商业创新,也就是说,当新技术实现的时候,那些创新自然也有可能实现。

当今所提的数字化转型一定不同于过往企业 IT 系统建设,如果只是沿袭过往的信息建设思路，将数字化转型当作新建一些IT系统，而所建IT系统的本质不变，那么一定很难真正支撑企业发展战略的定位和使命。应该采用什么样的方法来思考数字化转型的建设？在下面的章节中，我将分享在互联网平台和企业数字化建设中的成功经验，并对如何落地这些想法加以说明，希望能给大家带来一些启发。

第二章

数字化转型中平台思维的十大要素

当前，越来越多的企业和组织将"数字化转型"作为发展战略，这俨然成为继 20 世纪 80 年代企业进行 IT 信息化建设后的新一代科技发展浪潮。笔者认为，形成这样的发展趋势有两个重要原因：首先，过去十几年移动互联网迅猛发展，以科技为核心生产力的互联网企业给各个领域带来了前所未有的改变与创新，并取得了令人瞩目的成就，这样的事实不仅让新兴产业的企业青睐互联网技术，也让传统产业的企业领导者感受到业务持续发展和创新离不开更强大的数字能力的支撑，从而需要对企业自身数字能力进行提升，以便更好地满足移动互联网时代和智能时代下对企业发展的要求；其次，从当前面临的问题和业务发展规划的角度，企业希望借助数字化转型更好地解决当前遇到的问题，同时能促进未来业务战略目标的达成。总之，很多企业已经认识到数字化转型的重要性，无论从社会发展趋势的角度，还是从企业自身业务发展需求的角度，数字化转型都迫在眉睫。

那么，到底怎样定义"数字化转型"？怎样衡量企业数字化转型的成功和失败？如何切实落地企业数字化转型？相信这类问题都曾多次拷问过很多企业的管理者。特别是很多传统企业管理者，往往对 IT 和互联网技术并没有太深入的实操经验，对这样的问题很难有一个明确、清晰的答案。其实，即使是在 IT 领域耕耘多年的从业者，对这些问题也未必能准确地从面到点、从道到术思考清楚。在这里，笔者暂不直接回答这些问题，而是针对自己过去几年来参与的几个大型集团型企业进行数字化转型以及产业互联网平台建设过程中的实践，围绕如何解决企业当前问题，兼顾长远规划发展，分享个人对企业数字化转型的观点。我相信，数字化转型是一种支撑企业战略和业务发展的手段，进行数字化转型的目的是支撑企业战略的可持续发展。

从这些实践经验来看，**企业数字化转型的关键在于以平台思维构建系统**。那么什么是"平台思维"呢？平台思维与之前企业信息化建设的思维有哪些差异？所谓"平台"，就是给存在相互影响和依赖的双边或多边群体提供一个空间（或系统），满足不同群体在这个空间中的利益，相比传统 IT 系统最大的差异是访问空间（或系统）的群体之间构建起了网络效应。以网上购物平台为例，买家希望在平台买到品类更全的商品，可以有更多的潜在卖家进入平台，而卖家也希望有更多的潜在买家成为平台会员。当有一位知名卖家进入平台后，通常会影响更多的潜在买家进入平台消费，而买家人数的增加又会吸引更多的潜在卖家进入平台，从而形成了双边网络效应。网络效应已经深入每个人的生活中，网络平台总人数决定着网络效应的大小，二者呈正比例关系，参与的人数越多，网络效应就越大，这是一个循序渐进的过程，是网络化时代的必经阶段。同样，网络效应也可以延展到品牌商和分销商之间、制造商与原料供应商之间。

接下来，笔者通过实践数字化转型过程中遇到的问题，以及对比互联网领域内成功平台的应对之道，总结出采用"平台思维"构建系统的十大要素，希望读者通过这十大要素整理出各自对"平台思维"的理解。毕竟做任何事情之前，要先具备正确合理的理念，保证路线准确，然后再考虑如何在正确的道路上做正确的事情。

要素一：业务全局视角贯穿业务链

企业如果把数字化转型作为企业战略，就一定要针对企业的整个业务链，而不是针对局部业务环节进行单纯的技术升级，要放弃孤岛式思维。有人提倡所谓的移动战略、大数据营销战略、虚拟现实战略，这些其实都是孤岛式思维。从建设理念的角度，如果依然沿袭过去多年来各个业务环节独立建设系统的方式，必然会产生许多分散的"烟囱式"的系统，导致以下四方面的问题，这也是很多企业当前面临的主要问题。

1. 数据割裂，无法发挥数据智能的价值

各系统往往都是从系统所属业务主导方的视角构建的，缺乏全局视野，很容易导致各系统中的数据割裂（也称为数据孤岛）现象，如标准不统一，数据不实时，很难实现数据驱动业务的价值。例如某企业中，在分销系统、库存管理系统、电商平台、POS 系统中都存有商品的库存数据，而且因为这些系统是在不同时期由不同开发商开发的，导致库存数据模型的格式不一样，标准不统一，企业要实时、全盘了解商品库存信息颇费周折。面对库存高的问题，企业很难进行智能的组货、补货设计，因为只在局部渠道进行一些组货、补货算法优化的尝试很难奏效。这样的例子在实际场景中不胜枚举，比如销售数据、商品数据等，这类数据问题在 IT 系统中所占比例在 80% 以上。

2. 系统间协同成本高，业务联动性差

分散建立的"烟囱式"系统必然会带来系统间业务联动成本高、时效差的问题。系统分布在企业的业务链的不同环节，彼此不可避免地会有业务依赖和交互，而各个业务环节独立建设的系统，其本质上是不同业务部门从自己的局部视角出发而建设的产物。因此，系统间所产生的联动成本高本身也是"部门墙"的直观体现，这样的后果使企业内部协同成本剧

增,对于创新所需的灵动、高效协同更是一种极大的阻碍。同样以库存数据为例,因为不同系统间的库存数据割裂,企业在实施O2O(Online To Offline)业务时,就需要花很多精力去实现跟个系统的库存信息的交互,而且就算打通了各系统的数据,在进行订单寻源(实际的线上订单转线下)时,库存数据的割裂和不实时会造成寻源效率低的业务问题,甚至寻源冲突也偶有发生,这些都是以局部业务场景建设系统所带来的必然结果。

3. 很难实现业务全局优化

从业务优化的角度来说,我们都明白全局优化的效果一定大于局部优化,因为受限于数据的割裂、系统间的联动差等问题,在实际场景中,我们看到企业只能在业务局部环节进行有限的优化,而很难从全局的视角给业务带来质的提升。依然拿零售行业最典型的库存问题为例,很多企业往往认为解决库存问题,就是要解决供应链物流环节问题,但物流环节在整个业务链中处于生产制造的下游、销售端的上游,要对库存做优化,需要依赖下游的销售数据,同样也受制于上游生产制造的能力,而销售端系统中的数据往往都是以周为单位传入物流环节,物流环节的数据要上传到生产制造端可能是以月为单位,不同业务环节系统间逐层传递,而且呈单向传递,这些也是"烟囱式"系统的典型特征。这样的数据传递效率、业务联动性无法让物流环节的决策做到实时智能,只能面对这些"迟到的"数据进行决策,从而很难实现业务的全局优化。

4. 不利于数字资产沉淀,无法支撑业务快速响应和探索创新

从IT战略的视角,采用独立系统建设的模式很难让业务有效沉淀,也就无法实现业务的快速响应和探索创新。造成这样结果的根本原因是传统企业的信息系统往往是以项目制的方式进行建设的。项目开发团队以在计划的时间内实现对应功能的上线为最高优先级,因为这直接跟项目团队的经济利益有关,这无可厚非,因为这就是这些项目开发公司的商业模式。

一切围绕需求调研后整理出的系统功能开发上线，导致所建设的系统在前端交互、业务逻辑、数据层方面并没有很好地进行业务解耦，其他系统很难复用这些系统的功能，而且很容易出现经过一段时间的运行和维护后，系统业务逻辑错综复杂，代码难以维护的情况，最终"牵一发而动全身"，给业务的快速响应和升级的稳定性带来更大挑战。

以上问题是当前企业在数字化转型过程中都会面临的问题，所以需要改变建设系统的思路。参考阿里巴巴集团在2015年启动的中台战略，其架构形态转变的过程请参见《企业IT架构转型之道》，核心的思想是从业务全局视角贯穿业务链，沉淀可复用的核心数字资产，实现业务需求快速响应和创新探索，真正实现以技术驱动业务。

在整个中台战略中，业务中台起着核心作用。业务中台建设的本质是从业务链的全局视角，通过企业业务数据的实时、统一、在线，实现业务的全局数字贯通。以一个品牌零售企业为例，其业务链路涵盖了商品设计、生产、销售、售后等环节，在这些环节中，都会涉及商品、库存、用户等业务，可以将这些多个业务环节中均会使用的业务能力沉淀到中台，以服务中心（域）的形式（具体每个服务中心的形态将会在第四章介绍）同时向各个环节中的系统提供服务，整体架构示意图如图2-1所示。

这些提供服务能力的服务中心支撑着前台不同业务系统在线交易的处理过程，不同于之前单体系统中的模块化，这些服务中心所提供的服务能力并不是单单给前台某一个业务系统提供服务，而是对前台所有业务场景提供服务。

如果是在大型的业务多元化集团企业，这些服务中心还能做到很好的业务引流和业务板块协同，比如有一家集团型企业，旗下有金融、地产、电商、物流等板块，当在集团层面进行了中台建设，构建了会员、商品、物流等中心后，不仅在功能层面可以实现共用，也能在不同的板块中实现数据的实时共享，比如可以将从电商会员中发掘出的消费能力强的用户引流给地产板块，实现不同业务板块间的资源共享和业务共赢，充分发挥多元化集团型企业的优势。

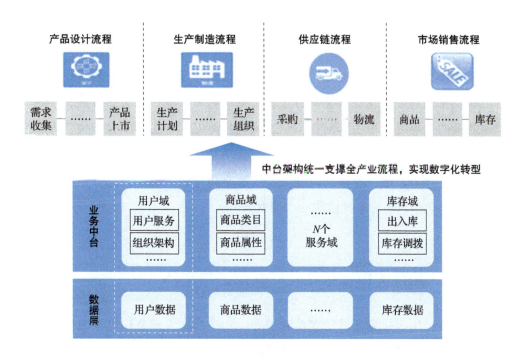

图 2-1　中台整体架构示意图

业务中台建设目标的本质是实现数据的统一、实时、在线。所谓数据统一，是指企业通过对业务全局的梳理，明确业务领域中数据格式、标准、对外服务接口的统一，解决业务数据在不同系统中数据格式、标准不统一的问题，让数据在业务运行中就能实现高质量沉淀；所谓数据实时，是指在任何业务场景中，对该业务领域访问和操作的数据都是当前最新的，不存在因为数据同步和复制造成的数据滞后和不准的情况；所谓数据在线，是指数据以服务的方式提供在线联动，不会让数据停滞在某个系统或只在局部使用，实现数据在平台上开放共享，从而很好地解决之前提到的系统割裂建设带来的信息墙和业务联动差的问题。

业务中台通过共享服务实现业务链的全局贯通，很好地解决了过往独立建设系统的种种弊端，而且当前已经有数不清的企业通过借鉴中台架构进行着数字化转型的建设，而且其中不少企业取得了不错的成绩，说明中台架构本身并不是只有如阿里巴巴这样的大型互联网公司才适用，它具备不错的普适性。

总结来说，企业数字化转型是站在一个新的起点思考企业数字化建设之路，首先一定要改变过往从各个业务局部思考和建设系统的方式，应站在业务的全局视角思考如何更科学地构建整体架构，通过中台架构实现业务链的全局贯通这一建设方法在业界被证明是切实可行而且有效的，值得所有企业参考，这一思路的改变决定了数字化建设的方向和总体形态，所以笔者将它作为平台思维的第一个要素。

要素二：构建支撑业务优化的数据链路闭环

经过这几年社会各界的宣传和倡导，几乎所有人都意识到了数据的重要性以及大数据的价值，并且企业的数据主权意识也越来越强烈，对大数据稍微有所了解的人都对通过数据进行科学决策、优化业务充满了期待。正是由于这样美好期待的驱使，很多企业都纷纷上马"大数据"项目或者将大数据能力的建设作为"数字化转型"的重要目标之一，但是从实际效益来看，结果并不理想。

在参与大型企业的数字化转型项目的过程中，笔者也发现了一个共性问题，就是企业过于重视系统功能建设，而对如何将系统中产生的数据有效地沉淀、利用，使其发挥出数据优化业务的价值寄托于大数据团队。这样做的结果是，一个部门管建设，一个部门管数据，很容易造成大家对业务理解的不统一，数据价值回流业务的链路不顺畅，很难实现以数据驱动业务、创造商业价值的目标。

绝大多数的企业构建的"大数据"平台只是提供了大量的数据，以及相比之前数据仓库平台更快的计算能力，这绝不是"大数据"的核心价值，数据如果不发挥出洞察和预测的能力，就不能称之为"大数据"！一定要让数据应用于实际的业务中，在业务交易和场景中发挥出智能决策的作用，优化业务，真正为企业创造价值和效益，而不是单单给企业领导提供数据报表和漂亮的数据展现大屏。

从笔者自身的实践和理解来说，企业要真正发挥"大数据"能力，一定要从业务场景出发，没有深入业务场景去挖掘的数据是没有价值的！主要原因是如果没有掌握和洞察业务场景中问题根源的专家，自然就不清楚当前业务场景中的问题到底跟哪些因素有关，这些因素的数据如何获取，这些数据之间又存在着什么样的关系（本质是算法）会对最后的结果产生影响。单纯强调大量的数据存储、计算能力提升，是没办法真正解决问题并带来效益的，最终导致企业或组织花费大量的成本后，只剩下一堆空转的服务器和存储数据，谁也不知道如何利用这些数据来解决企业的问题。因此归根到底，大数据应用一定是业务、数据、技术的融合，首先还是需要有精通业务的专家，至少要有对于当前业务场景有足够理解深度的人才，这样才能有效迈出大数据应用建设的步伐。单纯懂算法和大数据平台的技术人员如果脱离了前端业务专家的帮助，是很难真正取得好的大数据业务成果的。

另外，大数据中的"大"并不仅指数据的数据量大，更多的时候是指数据的维度和深度。因为在现实中，通过数据解决实际问题所需要的数据输入一定不是单一的，对最终结果产生影响的因素往往是多元的。不用说绝大多数企业所能收集和沉淀的业务数据本身体量就不算大，就算有些企业的业务量较大，业务覆盖范围广，能够收集到一定数量的数据，但从实际来看，单一组织能够收集到的数据维度还是有限的，大如阿里巴巴集团这样体量的互联网企业，也需要通过不断收购、入股、合作的方式获取更多维度的生态数据，这样才能真正有效地挖掘和发挥出这些数据的价值。

针对大多数企业业务功能建设及大数据割裂思考和建设的问题，可以借鉴中台架构中数据方面的建设方法，通过业务中台和数据中台共同构建起企业数据的闭环，如图2-2所示。业务中台的功能是将一切业务数据化，数据中台的功能是将一切数据业务化，两者相辅相成，具体建设细节请参见第三章第二节。

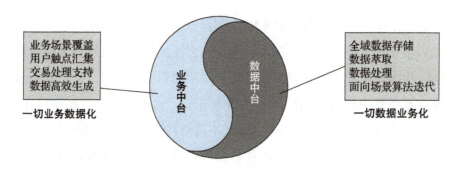

图2-2　业务中台和数据中台构成企业数据的闭环

1. 业务中台的功能

从功能定位来说，业务中台在整个中台体系中侧重于以下核心职能：业务场景覆盖、用户触点汇集、交易处理支持、数据高效生成。

- **业务场景覆盖**。企业需要有各种各样的系统来满足不同业务场景下不同用户人群的业务需求，比如CRM系统是面向企业客户（B端或C端）进行营销运营的系统，电商系统是面向电子商务场景的交易平台，这些系统均适合基于业务中台来构建，而且在某种程度上，业务中台能够覆盖的企业业务场景越多，对业务中台建设的要求也会越高，与此同时，数据所体现的实时、统一、在线的价值会随着业务中台业务场景覆盖范围的不断扩展而变大。

- **用户触点汇集**。企业所建设的业务系统均有该系统对应的用户群体，

CRM 面向的群体会包含企业的市场营销部门员工、客服部门的员工、终端销售人员等；电商系统的用户群体则会随着电商平台业务的发展而不断延展（从 B2B 到 B2C，甚至到 B2B2C），卖家、买家、平台服务商、生态合作伙伴等都会是电商平台的用户人群。所以基于业务中台构建起的业务系统实质上相当于企业所希望触达的各类人群的交互触点，是企业将产品、服务、文化、策略传达给这些人群的重要渠道。

- **交易处理支持**。在用户访问和使用各种业务系统时，系统中会出现很多交易处理事项，比如上架一个商品，创建一笔订单，进行一笔支付，发起一个物流快递等，这些交易处理过程完成了不同业务场景下的处理流程。正是因为具有这些交易处理的能力，企业所设想的业务流程和场景才能够正常运转，没有了这些交易处理能力，系统无法提供对应的业务职能，这些系统也就失去了存在的价值，企业的正常经营也将受到严重的影响（对于某些行业的企业，这种交易处理能力可能会是企业的立身之本）。所以业务中台承载了组织或企业在各种业务场景下最为核心的职能——业务交易处理。

- **数据高效生成**。基于业务中台建设的重要目标是实现企业业务数据实时、统一、在线，中台建设的重要工作是将企业各领域的业务数据在最初构建中台时就进行标准化，例如商品、用户、交易、库存等数据在不同的业务场景（CRM、电商、供应链等）中均是基于统一、标准的数据模型所扩展构建的，在系统不断的交易处理过程中，在这些领域中不可避免地会产生大量的数据，这些数据原生具备了统一标准性，而且所有的数据都是实时、在线的。而在传统架构中，同样的业务数据在不同系统中表现出不同的数据模型，因为各系统不同的运行和执行能力产生了参差不齐的数据质量，中台将对这样的问题带来本质的改变。所以业务中台的本质是在数据产生的源头，将数据进行高质量的规范，使得在企业业务不断运转和发展过程中所产生的业务数据标准统一、质量最高，为接下来把数据输入数据中台并运用打下良好的基础。

2. 数据中台的功能

数据中台的核心是一个 EB 级别、标准规范、复用性强的数据资产体系。这些数据资产首先包含了各个业务场景中汇聚的经过初步处理的原始数据层，也就是中台体系中所谓的 垂直数据中心，在垂直数据中心的基础上，企业进一步针对业务构建起有序的指标体系，这些垂直数据中心汇聚成 全域数据中心。全域数据中心保证了所有指标的规范性和准确性，让大量的业务系统原始数据变成了各个业务部门都可信赖的公共数据，可支撑各种跨业务、跨部门分析场景和算法处理场景。从垂直到全域，极大地提高了数据的可复用性，减少了用户从底层数据乃至原始数据中临时抽取指标的不规范操作和时间上的浪费，是数据资产化过程中的重要一环。在高度规范的全域数据中心指标体系的基础上，进一步围绕核心业务对象进行统一身份识别和综合画像，这就形成了 萃取数据中心。

例如，阿里巴巴集团以"人"这一重要业务对象为例，在萃取数据中心及时打通了各种消费者的身份识别信息，包括比较稳定的会员账号、联系方式等信息，以及快速变化的 cookie 等信息，并形成了"自然人"的 统一虚拟身份识别（OneID）体系。围绕"自然人"的所有数据，经过各种统计和算法处理，形成了丰富的人群画像，涵盖了从自然属性到社会属性，从购物行为到娱乐行为等各种丰富维度的 全域标签体系，并支撑了阿里巴巴集团为消费者提供更好的个性化服务。当然，在萃取数据中心，不仅包含了对"自然人"的 ID 打通和画像，也包含了对其他业务对象，如企业、产品、内容、位置等信息的类似的 ID 打通、去重和建立标签体系。从数据体量来讲，这些标签、画像数据比全域和垂直数据要小很多，但从业务价值来讲，它们毫无疑问是阿里巴巴集团生态中非常核心的公共数据资产，支撑和驱动了大量的个性化和智能化业务场景。阿里巴巴集团的数据资产体系如图 2-3 所示。

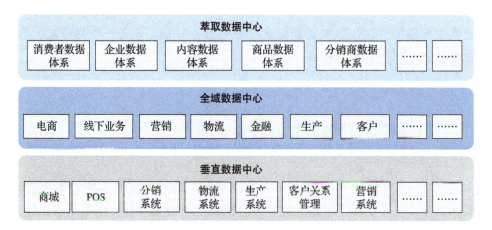

图 2-3　阿里巴巴集团的数据资产体系

举个简单的例子，某企业的售前报价系统中，对一个项目中所需设备和元部件的结构分解与售后交付系统中的表述是不同的，甚至在售后交付的几个子流程，如物流和本地部署环境中，对设备结构的表述也是不同的。除此之外，同一个元部件，在不同系统中被赋予了不同的 ID，结构不同，导致这些 ID 之间也是很难关联的。这就非常类似于在数据中台体系中所遇到的 ID（身份）打通问题。

为了验证这一点，我们和该企业技术人员一起，在几周时间里找到了一些有代表性的项目案例，对其中的设备和元部件数据进行了追溯，在极细的颗粒度级别，打通了部分的售前和售后数据。在此基础上，我们高兴地发现，一些新的分析和优化场景马上可以被新的数据激发出来。例如，我们可以模拟项目执行中任意时间点的设备预计到达时间，并预估对整个项目周期的影响。我们也可以更好地追踪售前和售后的利润表现差距，这在一定程度上凸显了数据中台的威力和价值。

数据能力建设是企业数字化转型中不可或缺的部分，我们不能再像过往那样割裂地去思考和规划了，不能紧盯着业务功能的实现，要从开始就准备用数据链路闭环的全局思维。参考互联网平台的中台建设思路和方法，构建起企业自己的数据链路闭环，沉淀大数据能力，有计划地一步一步构建数据智能能力，让数据智能切实有效地服务好企业业务，也为迎接大数据智能时代的到来打好基础。

要素三：以用户体验最佳为重要原则

如果从重要性角度来说，"用户体验最佳"确实不应排在第三位，但在实际的数字化转型和平台建设过程中，围绕这个原则对系统进行架构设计，弥补了过往项目实践中最容易忽略的部分，而且也正是有了这样的系统架构优化，才让后续工作更加顺畅。

每家企业进行数字化转型的目标和驱动力有所不同，但一个很明显的趋势就是逐渐转向以客户为中心。当然以客户为中心指的是企业从整体的品牌、产品、服务等方面全方位对客户进行价值传递，即在数字化转型过程中，建设的系统最终是供客户操作和使用的，那如何给用户提供最佳体验？

为用户提供体验最佳也不单单是指将系统的操作界面设计得足够美观，尽管这比较重要，这里想阐述的是，当遵循"要素一"构建出系统架构之后，如果在应用层的架构设计上不考虑用户体验的问题，就会使整个平台带给用户不好的体验。

首先，从数字化转型贯穿了业务链全局的角度，基于中台的架构上会建设起面向不同业务环节的系统，通过中台可以将各个业务环节中共享的、公共的业务沉淀到中台，实现基于中台的数据统一、业务联动，即所有的应用都是基于中台的能力各自建设的。但在实际建设过程中，应用和应用间还存在一些多个应用都会依赖的功能，但这些功能从中台设计方法论的角度来说又不适合放在业务中台层，或者中台层的能力是抽象的或与场景无关，这时就需要基于中台提供的能力，结合实际业务封装出一个具体功能供多个应用依赖使用，这就需要基于架构设计的原则对应用层进行更加科学的划分，否则就会出现功能重复开发、数据割裂、用户体验混乱、业务配置冲突等一系列问题。

为了让大家更好地理解应用分层的原因，下面以生产管理中的场景为例。某业务中台的"设备中心"的主要功能是对各个应用场景中的所有设备进行管理，如设备的属性维护、设备的指令下发、设备的状态上传采集和对采集数据的查询等，但是对这些设备是用于生产车间还是用于办公区域并没有直接管理。从应用的角度来说，很多系统都需要对车辆进行管理，进行相应的生产物资、人员等的运输调度以及运输过程中的车辆监控，此时的"车辆管理"功能便成为各个应用系统都需要依赖的一个功能，车辆就作为设备中心具象化的一个实际类型设备，"车辆管理"的很多功能，例如对车辆的品牌、类型、属性、车载 GPS、远程控制的管理等，都是基于设备中心实现的，但车辆管理的一些功能还有很多设备中心不会提供，例如与司机的关联、车辆行驶路线规划、车辆出行时间安排等，这些功能就需要在应用层的"车辆管理"中扩展实现，实现的车辆管理功能将会成为应用共享的功能，被多个应用依赖，同时，用户只需要在一个地方对车辆进行管理与维护，而不需要在不同的应用中重复实现自己的车辆管理，那样会造成信息的混乱和冲突。

对上面的案例进行分析，就需要从架构的视角，在应用层分出一层，将多个应用都需要实现的功能统一放在这一层实现，这样就避免了功能重复开发和数据冗余。用户只需要对这个功能进行一次操作，而无须在多个系统中进行重复操作，从而提升了用户体验。我们将系统架构中分出的这一层称为产品共享服务层。为什么称为"产品"？是因为我们希望系统建设方都能改变传统应用开发的思路，转向产品运营的方式，所以将基于中台构建的各类应用系统都称为产品，对于这个观点，将在"要素八"中具体阐述。

在传统系统开发中，系统开发团队往往只会考虑通过预先设计的用户终端访问系统的功能，例如生产管理系统中的所有功能只能通过 ERP 系统才能访问，设备管控的功能只能通过专门的设备管控平台才能访问。而在实际场景中，从用户体验的角度来说，用户需要在不同场景融合各个系统的能力来更好地解决当前场景存在的问题。例如在生产制造场景下，用户需要结合当前生产指标数据以及设备运转状况，对于业务运转情况有一个更全面的感知，特别是在设备出现故障时，往往从设备本身来看不是特别大的问题，但这个问题很可能会给整个业务带来不可忽视的影响，这时用户为了定位出造成问题的根本原因，需要在不同的系统间来回切换访问。也就是说，一个用户在工作场景中需要既访问当前业务环节中的系统 A，同时也要访问另一个业务环节中的系统 B，才能让业务正常运转，如果系统 A、B 只允许在自己特定的用户终端上提供相关的功能，那就必然会出现用户在系统 A 的终端进行操作，然后再到系统 B 的终端进行操作的情况，这样给用户带来的体验自然不好。

另外，随着互联网的发展，用户访问的渠道越来越趋向于多元化：在有些场景中，小程序是最简便的用户操作渠道；在有些场景中，App 应用操作则更能满足功能要求；在另外一些场景下，采用 Web 端的方式能给用户提供更高效的操作体验。简而言之，**从业务需求和用户体验的角度来说，用户访问终端渠道的多样化有助于提升用户体验。**

为了适应用户渠道逐渐多元化且不断变化的情况，有必要**将应用提供的功能与前端交互进行解耦**，这在应用架构层面的体现是再进行一次分层，意味着开发的每一个应用所提供的功能都可以按照业务场景和用户体验需求非常方便地集成到不同的用户终端。基于这些实际场景需求，最终对应用进行三层架构设计，如图 2-4 所示。

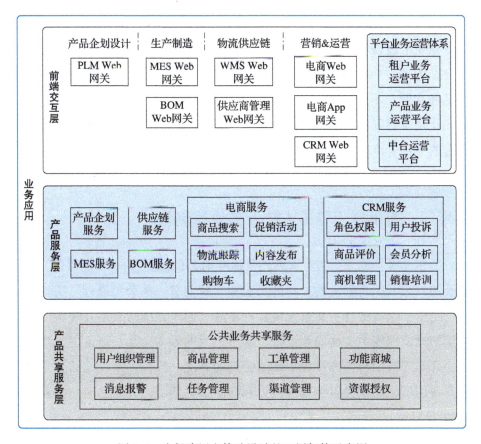

图 2-4 为保障用户体验设计的三层架构示意图

将业务应用分为三层：产品共享服务层、产品服务层、前端交互层。产品共享服务层从产品应用的全局视角分离出多个产品都需要的公共功能，如上文所提及的车辆管理功能，这些功能没有界面，主要以服务的方式向上层的产品服务层和前端交互层提供支持。产品服务层主要包含单一业务场景下的功能，如"电商服务"提供所有与电商有关的功能服务，包括购物车、收藏夹等功能，这些服务会按照业务场景中用户的需求被集成在各个不同的终端（如 Web 浏览器、小程序、App 等）。负责针对不同用户终端提供对应交互数据的就是前端交互层，这一层所承担的责任就是针对用户终端所需的数据和功能，将下层、产品共享服务层、产品服务层中的服务进行组合和处理，返回给用户终端，完成用户交互请求。

通过在应用层的架构分层，将具备不同特性的功能规划在对应的层级，本质上也是将复用的服务能力再进行一层分层解耦。不管用户先使用平台上的哪一个产品，后使用哪一个产品，不管平台上将来还会新建多少产品和功能，不管这些产品和功能将会通过多少终端实现与用户的交互，都能让用户感到操作逻辑清晰，交互体验流畅一致，笔者认为，这是一个优秀的平台应该给用户带来的体验。

要素四：提供复用能力支持业务快速创新

正如《基业长青：企业永续经营的准则》（吉姆·柯林斯的著作）中所提及的，在回顾有远见的公司的历史时，我们被一些公司通过"实验、试验、犯错，以及机会主义或者说意外事故"而非详细的战略方法做出最佳决策的频率而震惊。这段评论给了笔者很大的触动，这一结论也与我们在过去几年进行中台探索过程中所感受到的高度一致，一家优秀的企业必然会具备创新、探索的精神以及魄力和高瞻远瞩的眼光，而且这一特质在如今的互联网时代显得更为重要！

在如今的移动互联网时代，很明显的趋势是企业的业务边界正在逐渐被打破，之前企业所仰仗的资质、资金、信息不对称、规模等形成的竞争壁垒在移动互联网的冲击下似乎变得不是那么"固若金汤"，**一家企业是否具有核心的、差异化的竞争力，在于这家企业是否具备更强的业务探索和业务创新能力。**

为什么将业务创新的能力视为企业的核心竞争力？依靠传统的企业优势（资质、资金、渠道、政策倾向等）能使企业在行业市场中占据一席之地，但不足以跟竞争对手拉开差距，而且这些优势在很多情况下并不是独享且长久的。如今市场发展瞬息万变，用户的选择更加广泛，能否在这个多变的环境中找到新的创新模式，挖掘出新的蓝海市场，比竞争对手更快地占领一片新的业务领域，是一家企业核心竞争力强弱的重要体现。这其中不仅体现了企业高层领导的战略眼光和业务深远度,也体现了企业对于想法落地的执行力和效率,在一定程度上说明了企业组织的思想认知统一度和效能是否达到了比较理想的状态。

面对多变的市场,企业领导者既看到了业务转型的机遇,也深深感受到其中的危机,不少企业都不同程度地迈出了业务创新的步伐,而影响业务创新的因素有很多,纵观最近几年传统企业进行业务创新和转型的案例,失败案例的数量远远超过成功案例。例如一家传统鞋业品牌商投入共计26亿元打造自己的电商平台,但最终因为当初的平台定位和运营不力而以失败告终;一家服饰品牌商每进行一次业务创新动辄投入8000万元,甚至1亿元,但大多数都没有收获预期的效果,甚至损失惨重,经过几年的业务探索,这家曾经的行业翘楚逐渐退出了主要竞争者的行列。在这里笔者想说明,首先钦佩这些企业的领导者为业务创新所展现的魄力,但是企业为每一次业务创新埋单的成本确实太高昂,再好的企业也很难在这样持续"失血式"的业务探索中保持健康的运转,致使企业领导者也很难用平和的心态来看待企业的业务创新,更严重的是,这会让之前企业内业务创新的热情受到很大的打击。

导致失败的原因有很多:有些是把别人成功的创新过程复制到自己的企业,认为这就是创新,但结果往往是悲惨的;有些是好不容易想到了业务创新方案,原以为是行业独创,却不知已经被很多企业想到而且被证明不可行;有些是组织机制阻碍了业务创新的持续运营;有些则是人才体系不健全造成业务创新错过了高速发展的黄金时间,等等。种种原因都让创新成功变成了一个小概率事件,所以笔者更喜欢用"业务试错能力"这个词,因为笔者认为在实际情况下企业进行十几次、几十次的业务试错,其中只要有一次成功,就能给企业带来足够的回报。

对应到数字化系统建设上,如今传统企业的业务创新几乎很难脱离技术的支撑,如今如火如荼的大数据、物联网、AI等技术都被企业作为业务创新的首要或必要元素。所以当企业有了好的业务创新想法后，如果 IT 部门能更高效地支持企业的业务创新，将大大提升 IT 部门在企业中的业务价值甚至战略地位。试想一下，如果能将支撑业务创新的效率提升，企业可以将原本需要投入 20 人、半年建设周期的系统建设成本降低到投入 4 个人、用 3 周的时间，在大大降低企业业务创新 IT 投入成本的同时，也能让业务创新的想法相比竞争对手更快地推向市场，由市场来验证这个想法，再对业务进行不断的、快速的调整，这样看来，企业的数字化转型是不是在很大程度上决定了这家企业业务创新的能力？

所以企业数字化转型的建设目标不能单单设定为解决当前遇到的问题，而要兼顾企业在未来市场的快速变化中能具备先竞争对手一步的业务创新能力。IT 架构要实现对业务创新的快速支撑，从数字化的角度有很多方面的体现，比如采用云平台方式实现基础设施和 PaaS 层（这里主要指通用技术组件）的技术底座，给应用系统的建设提供高效、稳定的支撑；也可以通过一些高效研发平台（也叫低代码开发工具）实现应用层的开发效率；通过 DevOps 高效保障应用的开发规范和发布上线的效率。但笔者认为这些纯技术类的平台和工具给企业数字化系统建设带来的效率提升是有限的，而且这些平台和工具也是所有企业都能使用的，企业在这方面的能力差异不会太大，而**真正能大幅提升业务需求响应和业务创新的关键则是依赖有多少业务层面的能力是可以复用的**。

只有改变以往信息系统从"零"开始搭建的方式，采用组合现有复用业务能力并扩展的系统建设方式，才能最大效率地提升系统建设效率和稳定性，将原有的业务系统建设从"冷启动"模式变成"热启动"模式。为了实现这一目标，在数字化转型的架构设计和建设过程中，如何实现业务能力的复用是一个重要的设计原则。从阿里巴巴集团的中台架构和在产业互联网平台建设中的实践总结来看，在中台和产品共享服务层、产品服务层将业务做分层解耦，可以满足不同类型业务需求的快速响应。实现复用能力的架构示意图如图 2-5 所示。

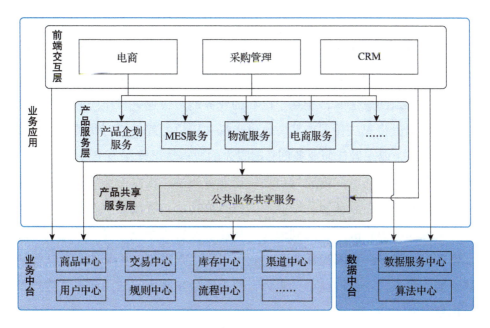

图 2-5 实现复用能力的架构示意图

架构图中每一层的建设都是由自己下层中的服务组合、扩展而来。如果基于当前平台具有的业务能力给用户提供一个新的交互终端，只需要新的前端交互基于中台、产品共享服务层、产品服务层的业务复用能力进行组合编排，就能快速实现新的终端的建设，这相比传统建设模式，其需求响应速度提升了几倍。例如当前电商平台仅提供 Web 浏览器访问，此时需要提供一个小程序端的支持，只需基于当前已有的电商服务（产品服务层）、会员管理（产品共享服务层）、用户、交易、商品、会员（中台层）等中心的服务，在一个月内就能构建出一个稳定的小程序端的商城并上线；如果是新建一个产品应用，则只需在产品服务层基于中台、产品共享服务层提供的服务能力进行组合、扩展，快速构建新的产品和功能。如果产品共享服务层要增加新的功能，那么基于中台提供的服务能力进行快速组合扩展，也能快速实现。简单来说，新建的系统或功能能够依赖和复用的服务层越多，建设效率的提升就越明显，采用这种方式建设的系统，相比传统的从零搭建的方式，不仅效率呈倍数级提升，而且系统稳定性也更好。

综上所述，**沉淀可复用的业务服务能力应该是数字化转型的重要建设目标**，所以在建设思路和设计等方面都需要将其作为一个重要的指导原则，只有将企业核心的业务进行科学的梳理并进行高质量的沉淀，才便于在对前端业务有新的想法时，能基于已有的业务能力快速进行组合和扩展，在最短的时间里将想法投入市场，通过市场和用户的反馈进行快速的迭代和调整，使得企业在做任何业务创新时投入的成本尽可能在一个可控的范围，同时也能在最短的时间内通过市场验证业务想法，根据市场反馈快速、灵活地调整业务，一旦证明一个业务创新是成功的，就能集中企业、中台的所有资源和能力将战果扩展到最大，从而切实实现企业领导者希望的"降本增效"的目标，更因为具备相比竞争对手更强的创新探索能力，这样的数字能力将成为企业的核心竞争力，使企业后发制人，弯路超车，构筑差异化竞争力。

要素五：支持业务上下游企业的网络协同

从实践中，我们发现**数据的价值会在共享中得到提升，而提升的数据价值在很大程度上取决于数据被共享、开放的范围**。举例来说，订单数据如果仅仅停留在电商或者销售系统中，那么这些数据产生的价值就是仅仅作为订单的统计报表，供企业领导查看当日的销售情况。如果将这些订单数据与商品的库存等供应链环节的数据进行实时共享，将之前需要 2 周时间才能感知到某商品是否畅销压缩到 3 天，那么这家企业就能基于这些在全业务链上实时共享的数据进行供应链优化，从而减少滞销品的库存，降低物流成本，进而直接带来经济收益，如图 2-6 所示。

当一家企业内部的数据共享机制做得足够好之后，我相信其内部的业务联动协同水平已经很高，这时为了实现更大范围内的业务协同甚至是产业协同，企业可将自身数据对外部进行开放共享，这将会给企业带来新的业务价值，而且这样的价值往往远大于数据在企业内部共享所产生的价值。

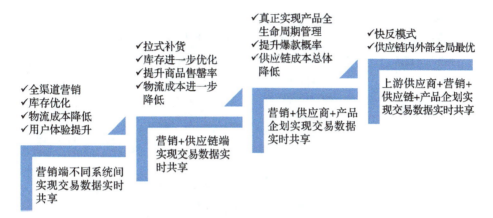

图 2-6 业务链贯穿协同带来的商业价值

以上面的供应链为例，品牌商企业的生产制造过程都要依赖于上游原料供应商提供的原料，如果上游原料供应商不能及时做好相关的原料供给，那么品牌商要实现更高的库存周转率，利用爆款卖出更多商品的想法也无法达成。所以如果企业内部在供应链方面实现了商品、订单、库存数据的实时、统一、在线，还能将企业商品的实时销售情况、对应原料的库存以及消耗情况共享给上游的各个原料供应商，这样就能让企业和原料供应商之间也形成实时联动，形成内外供应链体系的全局优化，这样给企业赋予的市场快速应变能力将可能成为这家企业的核心竞争力。图 2-7 中就展示了通过中台架构实现的产业链上下游协同。

随着数据共享范围的增加，数据价值也随之提升，而且企业与业务链的上下游企业将会有越来越多的社会协同。对于数字化转型来说，企业就需要兼顾对整个场景的支撑，既能做到很好地实现数据在企业内部、外部的分享，又能做到很好地将业务链上下游优质的企业集成和融入整个平台。

同样，借鉴中台架构的作用，可以看出业务中台能有效地实现数据在企业内部各业务环节中的开放共享，在前面的特征中已经有过较为详细的说明，这里不再赘述。对于如何支持上下游企业的网络协同，业界有两种主要的可借鉴思路。

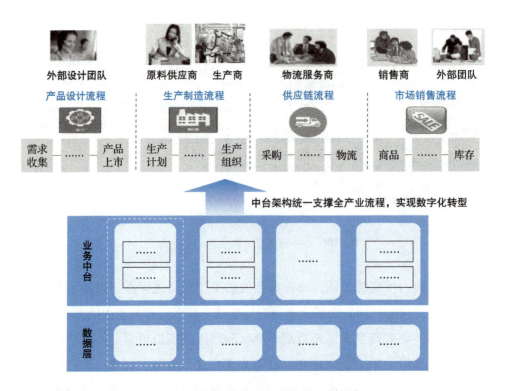

图 2-7 中台架构实现产业链上下游协同

　　一种做法是采用很多大型互联网公司都会采用的能力开放平台的形式，将企业自身需要开放的数据以服务的方式对上下游和生态企业进行开放，这样就能达到交互协同的目的，但这种方式更多是以企业自身的角度进行数据和服务的开放，上下游企业只能被动地接收相关的数据，再集成到自己的系统中，这样的业务联动过于呆板，数据流向往往比较单一。这样的做法也是当前很多企业实现与外部上下游企业业务协同的方式，主要围绕上下游企业所需的数据进行传输，这样的方式对于上下游企业有一定的系统集成能力的要求，对于具备较强信息系统建设能力的上下游企业来说问题不大，但对一些本身不具备IT技术能力的小微企业来说，很难实现上下游的协同。同时，这样的方式也会面对跨网络的数据交互、接口变更等实际情况，整体系统的稳定性也是一个问题。

另一种做法是对上下游企业提供直接的 SaaS 服务，以数字赋能的方式给上下游企业带来更多的价值，这样与自身的业务协同更为紧密，业务协同和数据智能发挥的效能更加显著。这样的做法非常适合行业里的龙头企业，这样的企业在整个产业链中具备很强的业务沉淀能力并对上下游企业有话语权。当前，很多龙头企业在企业自身所在产业链中已经影响很大，产品有足够高的市场占有率，自然都会有向上下游业务扩展的诉求。一方面是想实现与企业自身主业的更紧密协同，例如一些服饰品牌商入股或收购上游生产制造企业；另一方面是想向商业价值更高的业务环节转移，追求更高的价值，例如饲料企业进入养殖行业，养殖企业打造自有品牌向下游食品零售端进军。

笔者认为采用 SaaS 平台的方式比较好，如图 2-8 所示。

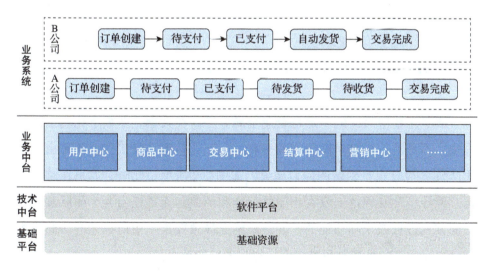

图 2-8　SaaS 平台数字赋能产业中上下游企业

企业采用 SaaS 平台给上下游企业进行数字赋能，利用企业自身的业务沉淀和优势，采用 SaaS 平台系统性提升上下游企业的业务或经营管理能力，SaaS 平台与企业原有的系统均在一个统一的环境中，业务联动更加紧密和稳定，而且企业可以通过 SaaS 平台源源不断地给上下游企业赋能，一起协同、成长、共赢。同时，这种做法在某种程度上实现了具备社会协同效应的平台，为企业向产业级平台发展打下了很好的基础。但是构建 SaaS 平台的方式有一个很重要的问题，就是如何满足上下游企业个性化的需求，关于这个问题将会在后面"要素七"中具体说明。

总结来说，要实现企业数字化转型，不单单要考虑企业自身内部业务环节的高效协同，如何与上下游企业建立更加稳固、可靠、高效的协同也是必须考虑的一个问题，所以在数字化转型的建设中必须思考如何更好地解决这个问题，最优的方式当然是通过构建 SaaS 平台的方式实现对上下游企业的数字赋能，既能解决企业当前业务内外部协同的问题，也能为将来实现更远大的产业链协同打下基础。

要素六：支持多个开发团队协同共建

数字化转型面向的一定是企业全局业务，在大型企业数字化转型的进程中，不是由一个技术团队完成所有的数字化转型建设工作，而是由多个团队负责相应业务领域的能力建设，如图 2-9 所示。此时，如果在整体架构、设计、开发规范上没有相应的标准和约束，而是任由各个团队按照自己的方式进行系统和功能的开发，最终会导致要素一中所描述的协同成本高、内耗大，整个平台很难稳定、持续地发展下去。

要解决这个问题，涉及的方面比较多，借鉴如阿里巴巴这样优秀企业的经验和笔者在近几年积累的产业互联网平台建设的经验，从不同职能研发团队在设计、开发、运营中的实操角度，笔者认为可以采用对应工具、标准、规范结合的方式，主要体现在以下几个方面。

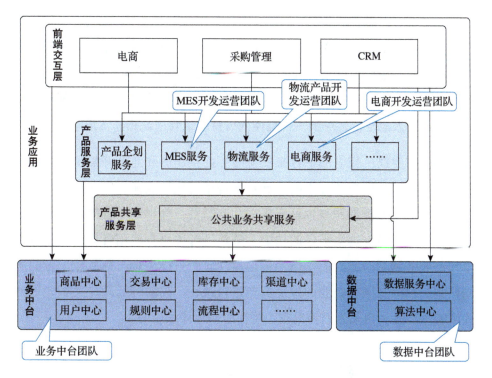

图 2-9　不同的开发团队负责各自的能力建设

1. 产品团队与服务提供团队的协同要规范和高效

从前面几个要素所推导出的系统架构来看，应站在业务链全局的视角，对各业务领域进行完整梳理，进行业务解耦，将共性和个性需求分离，构建起服务化体系，这对各开发团队的协作提出了相比之前更高的要求。

随着业务的发展，会有新的需求汇聚到中台，由中台各服务中心的业务负责人决定哪些需求应该由中台服务中心实现，哪些需求应该由前台的业务自己实现，也会对现有的中台服务能力提出个性化的定制需求，如何更高效地满足这些个性化需求？同样，前端交互层除会涉及中台层服务之外，还会依赖产品共享服务层、产品服务层的依赖，依次类推，这些层的功能开发团队都不可避免地涉及与下层服务提供团队的协同。

如果所有的协同都以线下的方式沟通，不仅效率低下，而且会让很多细节和过程信息丢失，很容易出现这样的问题：各个系统架构层的能力看起来在不断增强，但是，这是合理的需求沉淀还是"饮鸩止渴"式的需求满足，只有少部分人知道。至于为什么采用这样的方案来满足需求，只有那些当时参与讨论的人清楚，这对于平台整体的可持续运营来说是非常危险的。

所以需要提供相应的平台来支持服务提供团队和业务开发团队间的高效协同，让共享服务能力不断沉淀在架构中对应的层面，在此过程中还要保持中台的业务扩展及技术稳定发展，这需要一套科学、标准化、流程化的体系加以保障。这个平台的功能不单单是解决服务使用者与服务提供者之间的服务调用问题，而是体系化地建立起服务提供者与服务使用者的协同机制，目标是围绕企业的数字资产进行统一、高效的运营，关于此平台提供哪些功能及相关流程和机制，将在第四章详细说明。

2. 不同团队的功能及运营边界要清晰

从前面图 2-9 的架构示意图中，可以清晰地看到不同团队会负责平台中不同功能和能力的开发建设，从这些团队各自的角度来说，因为在平台中的职能不同，他们在运营中所关注的内容也会有差异。例如中台作为平台业务架构的最底层，以服务中心的形式向上层的应用提供了最基础、核心的业务能力，那么中台在实际的运营中关注的问题是上层应用是否正确使用了中台服务，中台服务是否运行正常，应用在中台所产生的数据是否正确，其他团队在中台服务出现异常时是否能快速定位和修复问题。

对于产品开发团队来说，他们希望直观地了解用户使用自己开发的产品的情况，更方便地进行全局配置和策略的调整，客户提出问题时能快速定位和修复问题，能通过运营数据洞察分析产品需要改进的地方，同时，还涉及谁来负责运营产品共享服务层等相关的运营边界问题。

以上是从不同用户需求的角度出发给出的建议，从平台建设的角度，需要针对中台团队和产品开发团队提供各自的运营平台，通过可视化界面结合功能访问权限的控制，实现让不同开发团队运营各自负责的功能，以满足各自不同的运营诉求。换言之，就是从业务全局的角度，构建起面对平台各个建设和运营方的业务运营体系，各个团队在对应的运营平台上进行他们所需要的业务运营操作，实现各业务功能间的高效协同。对于这个运营体系的主要功能和形态，将会在第四章加以说明。

3. 产品设计开发规范标准要统一

从平台的角度，所有产品一定不是一次性推向市场的，而是逐步研发和发布的。所以不管哪个团队先进入平台的建设开发，哪个团队后进入，都必须遵循平台事先定好的规范和标准，这样才能保持平台的稳定、可持续发展，避免团队各自发挥，带来后期各种问题。基于平台建设的实践，需要从以下几方面进行相关的标准规范定义：

- **系统架构设计**——基于前面"要素一"和"要素三"的推导，整个平台需要进行中台、产品共享服务层、产品服务层、前端交互层的架构分层，当前要建的系统和将来要建的系统均应遵循这一架构设计规范，对相应的业务解耦分层，同时明确平台中现有服务能力的依赖关系，即对于系统架构及功能设计都有一些新的要求。

- **产品设计**——在产品设计阶段，各个开发团队都需要考虑到上文中提到的多个运营平台，针对中台、产品运营团队、终端用户等不同用户群体，将产品的功能分别实现在不同的运营平台、产品终端中，同时遵循运营平台和终端界面风格的规范，实现不同团队独立运营的诉求，也保持用户体验的一致性。

- **产品开发**——在产品开发中需要满足平台相关的规范，例如数据模型设计、服务接口设计、功能授权、前端资源鉴权、服务调用鉴权等规范，降低不同开发团队间的协同成本，实现系统建设在平台层面的一致性，保证平台运行的稳定性，提升开发效率和运营效率。

以上是对于如何解决多个技术团队协同共建的问题，从平台建设实践中整理出的一些解决思路和方法，而这些方法如何切实落地则是在数字化建设初期就需要好好思考和规划的。

要素七：支持用户个性化及业务扩展需求

当前进行数字化转型的企业大多数都是集团性企业，这些集团都有很多分公司、事业部等分支机构，数字化转型的建设范围当然要覆盖这些分支机构。由企业集团层面统一建设系统，让各分支机构和上下游企业使用，这种做法由来已久，但从实际结果来看，效果难说理想。集团总部层面统建平台的优点很明显：可以从集团全局视角统管全局，从总部到分支机构、上下游的业务执行与联动更有效率，同时避免各自建设系统带来后期的业务协同和数据不统一等混乱问题，更可集中资源进行建设，降低成本。但效果不理想的根本原因就是统一建设的平台很难满足各分支机构和企业用户个性化业务需求，导致企业几乎很难进行业务扩展，反而会给这些企业用户带来需求响应的羁绊，毕竟各个企业确实存在个性化、专业特点的需求。

举例来说，一家国内大型石化集团企业为了提升各业务板块的销售管理能力，在集团层面建设了一个统一的 CRM 系统，目的是让各个业务板块和分支机构在这个系统中进行客户和销售的管理，更好地沉淀客户数字资产，发挥集团多元化业务的特点，提升客户服务的体验。因为这家集团下属的企业涵盖了从石油勘探、开采、炼化到销售的整个环节，在业务链中的各个企业对销售管理的诉求虽然在大的流程上一致，比如都需要客户档案管理、客户销售记录、客户拓展等功能，但因为所处业务环节的不同和销售模式的差异，在业务流程、规则等方面都存在着不小的差异。在经历了长达一年的调研后，将系统实施上线也花了近两年时间，但因为该系统是基于业界通用 CRM 产品实施的，只能在产品原有功能上进行定制，而各种个性化的需求掺杂在一起后,已经远远超出了 CRM 系统的扩展能力范围,很多个性化需求在实际落地过程中被忽略了。系统上线后,各个业务板块的企业用户使用后都觉得很难满足实际业务的要求,变成了业务反过来迁就系统,当遇到新的业务需求时,更是让这个系统捉襟见肘,结果是集团下属的企业对这个 CRM 系统怨声载道,最终集团下线了这个投入了大量人力、财力实施的系统。类似的现象在很多集团性企业比比皆是。

如前面"要素五"中所描述的,有的大型企业已将数字化转型建设范围延展到上下游企业,以 SaaS 平台的方式对上下游企业进行数字赋能。互联网企业绝大多数都是面向 C(消费者)端客户的,而大型企业面向的用户群体基本是企业用户,通过 SaaS 平台的方式给这些不同的企业提供系统服务,最需要解决的是如何满足企业用户个性化需求及业务扩展性的问题,而当前 SaaS 平台一直没有很好地解决这个问题。具备较强支付能力的中大型企业往往有或多或少的个性化需求,如果 SaaS 平台对这类企业的个性化需求支持不好,会导致 SaaS 平台上都是一些付费能力不那么强的小微企业,使得 SaaS 平台整体营收能力不足。

新的数字化转型必须很好地解决这一不可避免的问题。借鉴互联网企业和成功 SaaS 企业的建设经验,采用以下方式可以解决企业用户个性化和业务扩展问题。

1. 建立租户隔离机制

借鉴 SaaS 行业内最成功的 Salesforce 和淘宝(如果把入驻的品牌商家当作淘宝这个平台上的企业用户,淘宝应该是世界上最大的 SaaS 平台)的经验,采用租户隔离机制给平台上的企业用户提供个性化需求扩展,即平台上每一个企业用户彼此的数据都是隔离不可见的,企业用户仿佛拥有了独立的满足自身业务的系统。只有进行租户隔离后,平台才能较为清晰地区分出扩展的需求作用于哪一个企业用户，定制化的逻辑和数据才有独立的存放空间，否则就会与其他企业用户以及平台的数据混淆。

简单来说，采用了租户隔离机制，平台才能给企业用户撑起一片天，进行个性化和业务扩展，为接下来的个性化业务开发和扩展技术留有用武之地。然而，企业建设的场景跟一般的 SaaS 平台还有差异，一般的 SaaS 平台都是针对单一业务环境提供相关服务，比如 Salesforce 主要针对营销端的业务，有的 SaaS 平台是专门针对人力资源领域的，而企业要构建的平台则是面向全局业务链，所以采用租户隔离机制后，也会因为业务场景不同而衍生出一些新的技术挑战，下面简单说明可能会面临的问题：

- **租户与平台间的数据共享**——平台中默认通过租户 ID 对数据进行隔离，平台方本身也会是体系中的一个特殊租户。但有些业务场景下，需要将平台创建的数据给各租户共享，并且对于不同的共享数据，可能还会允许租户添加或修改数据，如何保证平台数据的一致性，同时还能满足租户共享数据的需求，是需要思考并解决的问题。

- **租户间的数据共享**——在平台中，默认情况下租户的数据彼此隔离，即不同租户的数据对其他租户是不可见的。但在实际的业务场景中，会出现需要将租户数据共享给其他租户查看的场景，例如：出于监管的需要，政府需要能实时管辖片区范围内所有猪场的养殖、流通数据；集团总部可以查看各分公司的业务数据。这就需要有一套租户间数据共享的机制来满足此类业务场景的需求。

- **数据跨租户间的流转**——平台是面向整体业务链的，难免会出现一个核心对象在业务链的不同环节中进行流转的情况，而且在不同的业务环节，该对象所属的主体是不同的企业租户。例如生猪产业场景中，"猪只信息"会保存并流转于"养殖→检疫→流通→屠宰→进入超市"等各个环节中，而且在不同的环节是由不同企业的人员访问和操作猪只信息；再例如监管端的检疫信息，一部分是养殖户提交的检疫申请数据,也有检疫所人员管理的检疫信息,而且这些环节中的操作人员因为业务需要也会访问其他环节的信息。在实际的产业互联网中,这样的场景不计其数,这也需要有一个规范化的方案来系统性地解决此类场景中存在的问题。

2. 基于中台架构实现共性和个性分离

企业中台架构是阿里巴巴内部团队近 10 年来基于共享服务架构探索而来的,阿里巴巴集团在 2015 年年底启动了中台战略,并将企业中台的业务架构方法推向了阿里巴巴集团外部(可参考《企业 IT 架构转型之道》)。所以在很多分享的场合,大多是以阿里巴巴的电商架构演变为例来阐述中台的价值,包括早期阿里巴巴技术团队帮助外部企业进行中台建设,也都是以企业的电商、CRM、会员营销等有关市场销售端的业务作为中台建设的起点,这就给不少企业的 IT 领导者留下一种印象:中台的架构只适合于电商、CRM 这些面向终端用户的系统,而不适合如生产制造、工程管理等领域。诚然,面向供应链、营销领域,企业中台更能发挥出高效支持业务响应和创新的优点,但这并不代表其他传统系统(如流程管控的信息系统)就不能或者不适合采用中台的架构进行建设。这里需要对业务中台的技术本质加以说明。

图 2-10 中展现的是典型的、不同的两个系统:电商和 CRM,两者基于业务中台内的共享服务中心构建而成,在电商的订单流程中势必会调用库存检查、用户检查、创建订单等服务,这些服务分别来自会员中心、商品中心、交易中心;CRM 的不同业务操作(如订单管理、会员管理等)也会调用这些服务。为了让共享服务中心的服务能力能在不同场景和系统中复用,这些服务在设计和构建时只会实现共性的能力,但这些共性的能力又势必不能完整地实现前台业务系统中所有的功能需求,所以前台的业务系统需要针对该场景中个性化的需求进行扩展,才能实现整个业务的正常处理。

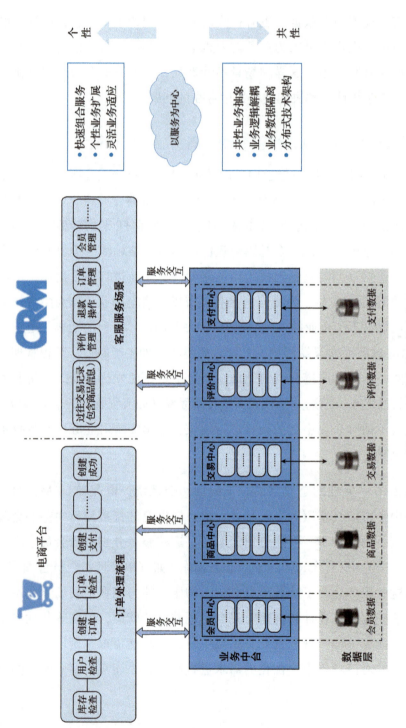

图 2-10 中台架构的技术本质

从宏观角度看，业务中台建设的技术本质是共性和个性的分离，业务中台通过对业务的逻辑抽象，将共性的能力沉淀，将个性化、场景化的需求和业务分离到前台应用；前台应用通过将共享服务中心的能力按照业务场景的要求进行服务的组合、个性化的扩展，从而更加灵活地实现各种业务需求的响应以及新系统的建设。

对于这样基于顶层设计的业务规划，就需要有与之匹配的技术架构和平台。其中必不可少的是需要一套高效、可管控的服务框架来支撑起前台应用与中台服务中心的交互；为了保障业务中台各服务中心不会因为数据的持续增长而造成数据访问的瓶颈，会有相应的分布式数据库来保持服务中心数据处理能力的线性扩展；为了提升服务处理的效率，可采用消息队列的方式进行服务调用的异步化，其中包括平台稳定性相关的限流降级、流量调度等一系列分布式技术，这些技术是为了更好地支撑这一共性和个性业务分离的架构而发展起来的。

所以，不管是在营销领域还是在企业内部管理、生产制造、工程建设领域，只要当前那一套工具或平台很难满足所有用户或者业务场景的个性化需求，就都可以借鉴中台的架构理念和技术进行构建——将业务层面上的共性和个性需求进行分离，实现更加灵活的满足前台业务个性化和快速响应的需求，同时依托一套可扩展的技术架构保障共性业务的可持续扩展，这就是中台建设的技术本质。

3. 业务可扩展框架支持业务场景个性化需求

中台的核心职能之一是更高效地支撑前台应用的需求响应和建设，我们在设计服务原则和服务运营过程中也要尽可能地做到服务能力内聚，业务解耦，但在实际的业务场景中，为了让前台应用的服务接入效率更高，服务使用体验更好，会将前台业务中针对业务场景而做的服务编排和组合的工作放到某个服务中心。最典型的例子就是交易中心的"订单创建"服务,因为创建订单的流程比较复杂,如果将所有在订单创建过程中需要调用的服务都让前台应用进行组合和调用,不仅对前台应用开发人员的业务理解程度要求非常高,而且整体的服务执行效率也会受到影响,所以将一些核心的服务组合封装为一个颗粒度更大的服务,就能很好地将交易流程的复杂度针对前台应用屏蔽,但这样的方式就会衍生出新的问题,那就是中台的开发人员需要了解前台业务的需求。虽然在很多情况下系统是双方共建的,但随着业务中台的各个服务中心建设的数量和类型不断增加,单靠中台的开发人员针对前台应用封装出针对性服务的方式将会面临效率和成本上的挑战。

解决这个问题最好的方式就是提升中台的开放性,具备足够的开放性,不仅能解决研发效率的问题,也能加快业务创新的速度。提升开放性所面临的挑战是如何在保证服务中心整体效率和稳定性的前提下提供足够的开放能力,否则在中台的服务中心中让业务方随意进行个性化功能实现,最终导致的结果就是各种逻辑代码的堆积,对服务中心的扩展性和稳定性都会带来不小的影响。解决这个问题的更科学的思路是将整个体系划分出清晰的层次,将共性业务和个性业务在服务中心层面实现隔离,技术实现的参考思路如下:

- **共性和个性业务分离的插件化架构**——中台提供插件包注册机制,各个前端业务方通过提供的扩展点实现各自的个性化业务逻辑,这些扩展点会被打包成业务插件包,在实际运行过程中与服务中心运行在同一环境中,当该前台应用调用到该服务中心的服务时,会自动将该扩展的定制逻辑注入环境中,最终实现前台业务个性化需求各自灵活扩展,服务中心共性业务代码的稳定和复用。
- **基于业务身份的业务间隔离架构**——中台需要有能按"业务身份"进行业务与业务之间逻辑隔离的能力,而不是传统 SPI 架构不区分业务身份的简单过滤方式。如何设计这个业务身份,也成为搭建业务间隔离架构的关键。

个性化需求扩展框架是企业中台发展到后期后，为了更高效支撑前台业务的需求和创新的一种技术实现框架，也是阿里巴巴集团在最近几年中台发展过程中探索出的针对中台共性业务和前端个性业务解耦并共存的有效方法，相信对很多走入中台发展深水区的企业有非常好的借鉴价值。

4. 基于功能市场实现用户体验的"千人千面"

通过数字化转型建设的系统，最终用户是企业内、外部的用户，平台上的数字能力将会面向这些企业和用户以各种用户终端（App、小程序、Web等）的形态提供相应的服务。基于前面"要素三"追求用户体验最佳的原则，每一个用户终端本质上是针对目标用户群体和业务场景，为整合平台下层核心能力而展现的功能，同时，不同角色的用户所关心和需要的服务能力不同，就算是在同一个产品界面上也会有个性化的要求。具体来说，需要系统性地解决以下主要问题：

- 支持租户、用户在不同的产品终端按需订阅功能。
- 支持不同企业、组织、用户进行个性化设置，即设置使用产品的哪些功能。
- 建立功能发布、授权、鉴权的规范，为平台的持续运营打好基础。

针对以上要求，借鉴互联网和产业平台中"小程序"的建设思路，来自全球的数以千万计的开发人员遵循苹果App市场和安卓市场制定的App开发规范来开发自己的应用，并发布到App市场上，对应的手机用户通过在App市场上选择自己需要或感兴趣的App并下载，就能使用这些App，所以每一个用户因为装了不同的App，使用手机时的体验也一定有差异。同样，对于当前火爆的小程序，用户在微信、支付宝上选择在自己的界面上添加哪些经常使用的小程序，同样带给了用户按需设置的个性化体验。而对于企业应用来说，App和小程序的颗粒度都不太合适，因为企业自身无法构建像苹果、安卓那样的操作系统一级的平台，企业所构建的应用端从长远来看一直是越来越多样化，但数量毕竟有限，不能有太多App或小程序的应用入口,这会给用户带来使用成本,所以企业构建自己的平台时,建设的最小颗粒度不是应用,而是**功能**。例如订单管理功能、会员管理功能,这些功能可以通过不同的应用端展现,而这些大大小小的功能构建起具有核心数字能力的功能商城,允许各个开发团队都基于一套功能的规范和标准进行功能定义、设计和开发。功能商城的架构图如图2-11所示。

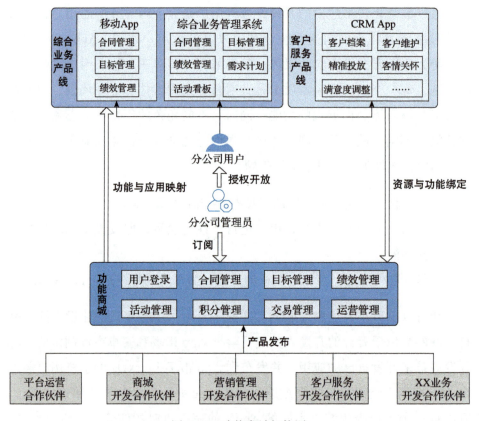

图2-11 功能商城架构图

建设功能商城的核心目的是将平台中的所有能力以功能为颗粒度进行原子化管理,制定相应的管理标准和规范,保障平台稳定的发展及持续运营。通过租户订阅以及功能授权,实现用户终端对用户的"千人千面",更好地配合产品运营策略。最终,随着功能商城中功能的不断沉淀,在这套围绕功能、租户、用户、应用的运营体系下，可以逐步将应用端的建设开放给外部生态合作伙伴，让平台朝生态协同平台方向发展。

关于功能商城最好的示例就是钉钉，钉钉目前提供了各种企业办公相关的功能，比如打卡、用印申请、休假、差旅等，这些功能绝大多数都不是由钉钉产品团队开发的，而是由各领域专业的合作伙伴遵循钉钉的开发规范，将这些功能开发后发布到钉钉的功能市场上，这样不同企业、不同用户就可以针对自身的需要有选择地使用这些功能，钉钉平台以此为几百万的企业以及上亿的用户提供了个性化的功能体验。

总的来说，数字化转型是企业的战略行为，面向的业务范围、复杂程度、用户角色各异，平台如何既能让不同用户享受到平台统建带来的优势，也能同时兼顾用户个性化和业务扩展的需求，是需要在系统设计建设中思考和解决的问题，是以平台思维建设系统的要素之一。借鉴互联网行业和产业互联网平台的成功经验，通过租户隔离、中台架构、业务扩展框架、功能商城等手段，针对不同业务场景下的个性化和专业业务扩展，让平台具备完善的个性化扩展体系。

要素八：团队从项目式建设为主转向数字能力产品运营

在过去 20 多年间，传统企业进行 IT 系统建设时，绝大多数情况下沿袭着传统项目式的建设模式，如图 2-12 所示。

图 2-12　传统企业 IT 系统典型建设步骤

传统企业 IT 系统建设步骤如下：

1）一般企业的业务部门会针对当前业务发展或者遇到的问题向企业的 IT 部门提出系统建设的需求。

2）企业的 IT 部门在接收到业务部门的需求后，会协调 IT 部门的相关同事到业务部门进行需求调研，并整理出相应的需求说明书。

3）有些企业会采用招投标的方式招募合适的 IT 解决方案提供商进行 IT 系统的建设，也有部分企业 IT 部门自身就有开发团队，完全由企业的 IT 部门进行系统的开发建设工作，最终组建起 IT 团队与业务方一体的项目组。既然为项目，其中必然少不了项目经理的角色，一般由业务部门的人员肩负起总项目经理的职能，IT 部门则会有专门针对该项目的项目经理，负责业务方与 IT 团队的协同、组织、项目进度的监控和报警等工作。

4）按照软件系统工程的流程进行需求分析、设计、开发、测试工作。特别要说明的是，项目团队最重要的建设原则是尽可能用较少的资源投入，在计划时间内实现对应功能，达到系统上线和项目各个阶段的验收标准，只有严格把控好项目进展，才能获取项目带来的收益。而这样唯系统上线和验收为标准的项目开发模式很难考虑系统的扩展性和持续发展性，这会为后续发展带来隐患。

5）随着一系列准备工作就绪，系统顺利上线并进入运维状态，皆大欢喜。系统开发团队会撤走大部分开发主力，留下少数人员配合企业 IT 部门进行系统范围内的小型修修补补，一旦有大的功能更新需求，则启动该系统二期项目的建设工作，开始一轮新的系统建设流程。

当系统上线后，进入所谓的系统运维期，原有项目建设团队的主力人员往往已经投入下一个项目的建设，只留下少数几名开发人员进行功能的修补。这个阶段实际上是系统对业务需求响应非常不及时的阶段，对于小的问题修复和功能添加还能较快应付，一旦出现较大的功能改造和新功能的实现，则一般需要通过二期项目建设，按照新的项目建设周期进行，有些需求就得等到几个月甚至几年后才能实现，也就是说，系统业务需求响应的能力和企业本身业务发展对系统建设的要求不成比例。这其实是很多人对系统上线理解的误区，系统上线本质上只是对前期收集到的需求的实现，当系统上线后，需求的变化和调整是一直持续存在的。

1. 项目式建设模式不能满足业务增长的需求

如果说，过去的业务需求增长态势还算比较平缓，系统业务响应能力减弱的态势还不明显，那么，在今天的互联网业务场景中，业务需求的调整和变化越来越迅猛，原有系统对业务响应的能力就显得更加捉襟见肘，如图 2-13 所示。

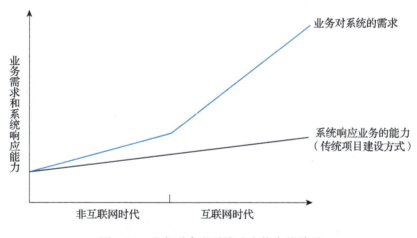

图 2-13　业务需求和系统响应能力的关系

到了某个时间点，量变产生质变，就会出现我们今天看到的企业核心业务系统运行多年后被推倒重建的现象。

笔者认为，这种核心系统推倒重建可以说是令人"触目惊心"，这个系统在过去几年的运行中一定融入了企业特有的业务创新、基因和极具企业特色的业务模式，而且还有几乎今天所有人都明白的最有价值的东西——数据，一旦推倒重建，将会对这些好的业务模式、数据等带来巨大损害，这才是企业真正的大损失，并不能简单地计算一次新的 IT 系统建设带来的资金和人力投入。

2. 大而全的项目式建设不能满足业务需求

除了项目建设的方式上存在问题，在建设思路上也有待改变的地方，传统 IT 系统强调以大发展的思路建设"大而全"的应用。以前在建设 IT 系统前都采用大规划、大建设、大发展的思路，过度强调业务应用的完整性和全面性，因为 IT 系统开发部门希望业务部门能将系统要实现的业务尽可能想得全面、细致，最好还具有一定的前瞻性，这样等到系统上线后不至于因为有大的需求变化而给系统的运维带来大的影响。这样的出发点是正确的，但这对业务部门就提出了非常高的要求，可是实际情况是，绝大多数业务部门的人员很难在系统建设前就将需求梳理得既全面又细致，更不要说具备业务持续发展、前瞻性的视野这样的高水准，特别是企业在建设面向互联网的创新业务时，要将所有的业务都想清楚更是一件非常困难的事情。结果是，很多系统上线后看起来功能很多、很全，但体验和深度都不够，系统又不能很快地对业务方的需求进行快速响应，自然业务方就很难说对该系统满意了。

是否能改变这种大规划、大建设、大发展的项目建设方式，采用一种更加灵活的建设模式？目前，在互联网公司中常使用的快速应用、敏捷迭代方式，能够快速构建出可以提供完整核心功能的系统，这也是创业公司中推崇的 MVP（Minimum Viable Product，最小化可行性产品）方式。等系统上线后，再通过用户的反馈进行快速迭代，这样打磨出的系统不仅能很好地提升用户体验，而且能将"大规划"方式带来的业务方向性风险降到最低。

笔者认为，敏捷迭代开发方式确实对很多互联网公司的成功发展起到了重要的作用，但在很多公司却变成了很多人的一个口号，甚至是漏洞百出、战略不清晰的借口。对于那些打着 MVP 幌子来回避对产品定位、目标人群、业务逻辑进行清晰、系统的描述的做法，我们不应该纵容。同样，对于那些打着 MVP 幌子，对整体架构设计、逻辑严谨性、代码扩展性不负责任的交付，我们要提出强烈的质疑。

3. 项目式建设不利于人才培养

最后，从企业 IT 团队的角度说明项目式建设带来的弊端。在企业传统 IT 系统建设的流程中，大多数企业的 IT 部门基本都配置了项目经理、架构师、开发人员、前端开发、测试、运维等人员，还有不少企业受早期软件开发外包思路的影响，基本不配备自己的技术开发团队，而完全采用购买外部商业套件，以招标的方式招募软件开发商进行定制开发的模式，在这种模式下，企业 IT 部门的人员行使的是项目经理的职能，主要进行业务部门与 IT 实施团队的组织协调、项目实施风险把控等工作。

这两种模式都是传统企业项目式建设的模式，IT 部门的人员在项目中各司其职，扮演着不同的角色，这样的方式充分发挥了不同人员的专业作用，同时也有很不错的团队协同效果，而且允许部分人员（如 UED、DBA 等）在一段时间内可同时并行支持不同的项目。"流水线"一词可以很形象地描述这样的模式，在企业不断进行系统建设的时期，这样的方式确实展现了很好的系统建设效率，如图 2-14 所示。

但在如今强调业务持续运营的场景下，这种"流水线"式建设系统的方式，其弊端逐渐凸显出来。

项目式建设 IT 系统模式对于 IT 部门人员的能力培养很难延续，最终导致人员流失和积极性递减。这是因为"流水线"式项目建设模式中，不同角色和分工的专业人员确实在一段时间内可以通过不断的业务需求输入和系统的建设不断积累技术、业务领域的相关知识并提升能力，但想要达到技术精深的水平，还需要不断在复杂的业务场景和环境中培养，一般企业的 IT 业务系统过程中遇到这样场景的机会并不多，这样就会出现在同一个工作岗位上工作 3 年的开发人员进入"易跳槽"状态的情况，究其原因，大多是因为有想法的技术人员认为在这个岗位上学习不到新的东西，技术能力没有得到更好的提升。在一个岗位工作 3～5 年后，员工所表现出的工作积极性和创造力整体不如在岗时间不到 3 年的员工。另外一个比较现实的原因是，技术的更新速度越来越快，之前所掌握的专业技术可能在过了一两年后就不是市场的主流技术了，这就给这些技术人员带来了不小的压力。

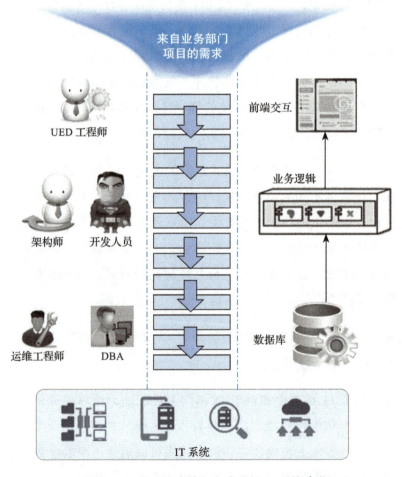

图 2-14 以"流水线"方式进行 IT 系统建设

最终的结果是，企业 IT 部门中有能力、有想法的人在同一岗位工作几年（一般 3 年是一个槛）后发现没有太多的能力提升空间，就会另寻其他的平台发展，留下来的人员则工作积极性和创新力都在逐渐减弱。

从业务的视角来说，企业 IT 部门的人员几乎每隔一段时间都要支持和开发不同业务部门的需求，很难在一个业务领域里面持续地深耕和沉淀，因为在笔者看来，要在一个业务领域达到专家级水准，至少需要 5～8 年的时间，但这种情况最终容易造成企业 IT 部门人员很难成为精通业务的人才。

而 IT 部门人员对企业的业务理解不专业、不深刻，正是今天企业 IT 部门一直以来被看成业务支持部门的根本原因。正因为 IT 部门对业务部门提出的业务需求没有专业的判断能力，所以业务部门提出的需求几乎就是"圣旨"，IT 部门只能被动地接受和实现。如果业务人员提出的需求非常专业、可靠，IT 系统建成后的效果好，则皆大欢喜；如果业务人员本身对业务理解不透彻，需求输入质量差，IT 系统上线后的效果就可想而知了，那"背锅"的又是 IT 部门，因为业务部门总有一堆理由（用户体验差、性能慢、功能实现不了等）将系统效果不好的原因推给 IT 部门。

所以本质上传统企业的 IT 部门这些年做的就是将业务部门人员的业务想法落地成系统并提供相应的运维支持，IT 部门如果没有专业的业务判断能力，就只能扮演这样的角色，只能作为进行业务支持的职能部门。

4. 中台架构更有利于培养自己的人才

正如前文提到的，不管是业务创新还是数据智能应用均离不开一类角色——业务专家，这些对于某一业务领域有深度理解和具备系统性专业知识体系的人才在任何行业中都是稀缺的，并不是所有企业都能幸运地拥有的。与其对于这样的人才加以寻求或守株待兔式地等待，还不如考虑如何在企业中自己培养出这样的专家。

中台架构正是将企业各个业务领域从 IT 的视角进行了清晰的划分，比如中台内有各个服务中心：会员中心、商品中心、物流中心、交易中心等，有了这样的业务架构之后，就能支持企业将一个独立的团队围绕该服务中心进行持续的运营，把人员放到能够充分发挥主观能动性的业务领域，让他们在这一业务领域持续深挖，变成这一领域真正的业务专家。让服务中心的服务能力能够真正做到随着企业业务的发展而不断沉淀，进而给前端业务提供更加专业、稳定、高效的服务。

这样，相比之前以"流水线"方式进行的 IT 系统建设项目中 IT 人员所做的偏项目的技术和事务性的工作，在中台架构中，IT 人员可以持续紧贴业务，在自己感兴趣、擅长的业务领域持续打磨和沉淀，做到职业能力随着投入工作的时间的增长而增长。有了这种业务架构层面的调整，也让企业信息中心的人员站到了一个非常有利的位置。

中台提供了渠道、商品、订单、库存、会员等相关的业务能力，前台有不同的业务系统，如门店 POS 系统、商品价格管理平台、零售分销平台、CRM 系统等，如图 2-15 所示。

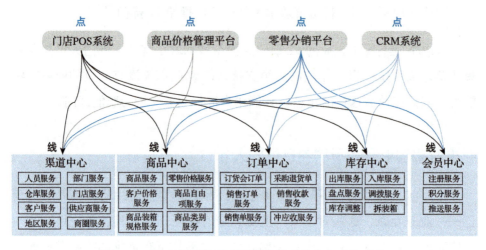

图 2-15　业务领域的需求汇聚有助于业务专家的成长

这些系统本质上是针对不同业务场景、不同用户群体的业务要求而建设的，在构建这些系统的过程中，是将中台各个服务中心的能力进行组合、扩展后实现在各个系统中进行业务处理和交易，从业务的视角，建设和运营前台系统的人员对于业务场景的理解是比较专业的，对需求设定把握得也比较准确，但从单一业务领域（比如从交易订单）的视角来看，前台业务方所能获取的这一领域里的需求是局部的，比如零售分销平台中所产生的订单交易是B2B模式，是品牌商和分销商、分销商与分销商间的交易，而POS系统中产生的交易则是B2C模式，这两者之间必然存在着差异。

抽象来看，前台业务系统中对于单一领域的需求接触以及理解受限于系统本身，只能获取到专业领域中的局部知识，笔者称之为"点"；而从中台内各个服务中心的视角，每个服务中心的运营人员需要对接和支持全公司任何业务场景和系统中对该业务领域的需求，成为这一业务领域的需求汇聚点，而且会以全局的视角进行需求实现和运营，这样来自多个"点"的业务需求汇聚，从理论上就能帮助人们构建起对这一业务领域"线"，甚至"面"的认知体系。这与我们从小学开始学习基础的知识点，到后期中学、大学进一步学习，从事专业领域工作，构建起对某一个专业领域的知识体系是同样的道理。有了这样一个不断获取需求和实践的机会，成为这一领域的业务专家是大概率事件，而且这个概率会随着时间的推移变得越来越大（"一万小时定律"也会在一定程度上发挥作用）。

从以上几个角度来看，中台给企业带来的是一套更科学的业务架构建设方法，基于中台的理念所构建的架构需要组织架构的适配，从而更高效地提升中台的运营效率，在此过程中，企业信息中心的人员在这样的业务架构和环境中就有很多机会对企业业务进行深入学习和理解，变成企业最稀缺的那一类笔者称之为"精通业务、懂技术"的人才。为什么笔者会认为"精通业务、懂技术"的人才是企业中最稀缺的人才呢？笔者一直在书中强调所有业务创新和大数据的应用都离不开对业务精通的人才，相信"精通业务"这个条件是大家都能理解的，但为什么要加上"懂技术"？这是因为如今的业务创新离不开互联网的环境，也少不了先进技术的支撑，如果一个精通业务的人还能具备不错的技术功底，对于最新的技术发展趋势有很好的了解，能将合适的技术融入业务中，做到好技术为我所用，这样就是行业中最稀缺的人才，在企业中具备很强的不可替代性，而稀缺性和不可替代性才是人才在职场具备较高竞争力的重要特征。

为什么只精通技术的人员算不上企业最不可或缺的人才呢？一个原因是传统企业中很难真正培养出技术顶尖的技术人才，这绝不是说企业信息中心的人员能力和素质不够，很多企业的信息中心人才也都有非常好的教育背景以及综合素质，而是因为没有进行深入技术研究的环境。要成为某一领域的技术精尖人才，需要有足够复杂的业务场景和研究业务的氛围。今天阿里巴巴集团的技术为什么能在业界占有一席之地？笔者认为最主要的原因是有"双11"这样的业务场景，这种业务场景在全球都是少有的。平台要如何平稳地应对11月11日凌晨0点的访问洪峰，在保证业务准确的同时还要给用户带来尽可能好的用户体验？这就对技术的各个层面都提出了前所未有的挑战，自然就需要技术人员发挥出自己的潜能，在实践中不断地吸取经验和教训，这对技术深度的要求非常高。所以笔者一直认为阿里巴巴集团相比其他科技公司，最大的竞争壁垒其实是有像"双11"这样的业务场景，推动着技术不断创新和发展。而绝大多数的企业是没有这样独特的场景的，也就没有足够的动力和环境锤炼出技术顶尖的专家，毕竟企业不是科研单位，很难让人单纯地进行技术研究。

另一个原因则是技术的更新、迭代速度越来越快，新技术的出现会让技术人员原本具备的专业技能带来不少沉没成本，最典型的例子就是之前擅长传统IOE技术的专家可能在互联网技术大行其道的今天，在企业中发挥的作用和施展的空间大大缩水。

所以笔者一直向企业信息中心的技术同人建议，尽量不要走纯技术路线，如果要走这条路线，就想办法去打造像Google、阿里巴巴集团这样具备足够复杂的业务场景和纯技术产品研发氛围的公司（可惜这样的公司确实太少)。如果身在企业的信息中心,就一定要把自己培养成那种"精通业务、懂技术"的人,充分利用好企业所在行业的业务场景,把业务和场景吃透,不管是云计算、大数据还是AI,都拿来为你所用,帮你解决业务场景问题,达到"手中无剑,心中有剑"的境界,最大化地给企业创造价值,这样你不单单是企业不可或缺的人才,而且在职场上也将立于不败之地。

假如企业通过中台培养出在整个公司范围内各个业务领域最精通的专家,可以大胆想象一下,企业业务创新的原点就未必来自一线的业务部门,而企业的信息中心则可能变为企业业务创新的发起点。

如果企业IT部门能利用好企业中台,把业务需求汇聚于有利位置,逐渐培养出那种在企业各个业务领域中"精通业务、懂技术"的人才,那么在对业务部门的支持过程中,他们将比业务部门的同事对业务的理解更专业,对技术的理解更深,自然会逐渐收获业务部门的信任。随着这些人才的业务能力持续增强,直至变为企业(甚至整个行业)中这个业务领域最为精尖的人才时,企业IT部门变成业务创新发起点就不再是无稽之谈,IT部门将充分体现出给企业带来的业务价值。到那时,企业IT部门的领导将在企业中赢得更多的话语权,为IT部门的发展争取到更多的权益和发展空间。

在任何地方,话语权不是更高层领导和外界环境口头赋予的,一定是建立在能力和价值上的。在企业中,想要业务话语权,核心是看谁给企业的业务带来更大的价值,谁能赋予企业最为核心的竞争力。在如今技术大行其道的时代,如果IT部门具备长远的发展视野和清晰的建设思路,在业务环境中培养和沉淀出自身在企业组织里的核心竞争力(人、业务、数据、技术等),就大概率能将过去这么多年来IT部门的职能进行彻底的扭转。

可借鉴阿里巴巴集团中台部门的价值主张,如图2-16所示,其核心是围绕企业核心数字资产能力的打造和沉淀，更高效地支撑前台业务的创新和发展，从内部的能力开放到对外部的开放，利用大数据智能真正构建起企业的核心竞争力。在这样的部门定位下，与之匹配的就是要求团队协同机制更高，且成员的能力模型升级。

图 2-16　中台团队的价值定位

总结来说，数字化转型的落地会依托企业现有的 IT 团队，要改变过去传统 IT 项目建设的模式，在战略总体规划明确的基础上，采用灵活的业务架构、技术实现以及产品持续运营的模式，同时将 IT 团队的职能从系统建设运维转向企业数字资产的运营上，使其真正成为数字化转型战略的强有力的支撑底座。

要素九：支持基于能力开放的外部合作伙伴生态共建

跨界创新和融合创新已经是当今不能忽视的社会趋势，我们已经进入开放、共享的时代，政府、金融、工商、社保、企业（特别是在行业中处于龙头地位的企业）等组织都在一定程度上将组织最有价值的数据以服务的方式开放给整个社会，这些组织在社会中的影响力以及自身的重要性取决于它给这个社会开放出来的服务所产生的价值。面对这些公平、开放的社会资源，谁能将这些资源更有效地整合，能更好地解决社会中存在的问题，能改变百姓的生活方式，推进社会的发展，谁就将能迎着社会发展的风口高飞。这样的数据和服务开放得越多，国家提倡的"大众创业、万众创新"越能迎来最好的时机，整个社会也会因此而进入创新发展的盛世。

传统企业如何在开放共享经济时代的浪潮中，找到企业最安全的发展方式和适合企业发展的最佳位置？深入看一看目前比较典型的跨界创新事例，例如：好几家互联网巨头公司去制造无人驾驶汽车，因为互联网公司有了相比传统汽车制造企业更多维度（交通路况、驾驶者喜好等）的数据和互联网技术（图像识别、声音识别、基于感知避让算法等）；蚂蚁金服推出的芝麻信用已经全面融入百姓的住行生活，我们可以更方便地享受到金融、酒店入住、租车等各个行业的服务体验；滴滴的出行数据用于优化城市的交通拥堵，并已经在某些城市取得了显著的成效。这些事例的本质是互联网公司依靠自己在业务发展过程中所沉淀的数据、技术能力，解决了别的行业通过传统方式一直不能很好地解决的问题，或者给百姓提供了之前没办法体验到的新的服务体验。

很多传统企业目前并不惧怕来自同行业的竞争，而是担心这些跨界的企业可能在一朝一夕之间将过去几十年沉淀的竞争壁垒完全打破，因为有些跨界的竞争本质上是降维打击，数据和技术才是将来世界发展最具竞争力的手段和强大的竞争壁垒，数据和顶尖的技术都不是在一朝一夕或者通过大量的金钱就能具备的，需要在业务场景和发展中不断地有效沉淀、优化才能得来。

既然跨界创新是大势所趋,从数字化转型的视角,企业就应该尽早着眼于企业核心数字能力的打造,在业务发展过程中不断沉淀企业核心业务数据,这些数据将会是企业面对开放共享经济时代最重要的资产。有了数字资产之后,就有机会融入开放共享的经济时代。

至于如何融入,可以借鉴淘宝运用开放平台 TOP(Taobao Open Platform)的成功案例。淘宝的能力开放平台将淘宝各类电子商务业务能力以 API 服务的方式提供给外部合作伙伴,从而使其服务淘宝商家和用户,让这些外部合作伙伴依托淘宝的平台共同服务淘宝上的几百万商家。正是这一重要的开放举措,实现了基于淘宝网的商品、用户、交易、物流等一系列电子商务基础服务,像水、电、煤一样输送给有需要的商家、开发者、社区媒体和各行各业,以淘宝核心业务和数据为核心,推动各行各业定制、创新、进化,并最终促成新商业文明生态圈的建立。

淘宝开放平台经过多年的运营,整个版图上不同群体的发展现状如图 2-17 所示。

图 2-17　淘宝开放平台生态图

目前淘宝开放平台上已经有超过 2 万家商家 IT 服务商（图 2-17 中右上）基于淘宝开放平台提供的基础商家数据，为超过 200 万家商家提供满足商家运营需求的高质量平台，这些公司规模并不大的商家 IT 服务商因为给商家提供了很好的增值服务而收获了不错的经济回报，其中有好几家已经成功上市。

超过 200 万家商家（图 2-17 中下）因为得到了来自商家 IT 服务商的贴心服务，提供了满足自身业务需求的运营平台，从而运营效率大幅提升，运营成本降低，竞争力更强，在淘宝上得到了更多利润。

作为消费者和客户（图 2-17 中左上），因为商家的运营成本降低，所以可以买到更多便宜的商品，同时得到更快、更好的购物体验，从而得到了更大的实惠，当然也更愿意到淘宝上购买自己喜欢的商品。

对于淘宝（图 2-17 中心位置）而言，目前淘宝开放平台上提供的服务，每天的服务平均调用量超过百亿次，其中大部分服务都是收费的，除了这些服务调用带来的直接经济收益外，更为重要的是淘宝实现了其最根本的目标——让商家在淘宝平台上更开心地开店，赚更多的钱。

纵观全局，我们发现整个开放平台体系中，四类群体（商家、商家 IT 服务商、用户、淘宝）都得到了不错的收益并达成目标。其中的关键因素在于淘宝能"大胆"地将自身的业务数据对外开放，另一个重要的因素是有超过 2 万家商家 IT 服务商，正是这样一个群体，向整个体系中输入了自己所擅长的垂直或细分领域的专业能力和智慧，才使得整个体系有了源源不断的创新的活力，持续给商家提供优质的运营能力，从而最终构建了基于淘宝开放平台的生态体系。

淘宝开放平台的真实事例，对传统企业数字化转型有一些借鉴价值。很多企业在提到数字化转型时一定会想到像互联网公司那样构建平台，打造自己的业务共荣生态圈。这个方向本身很正确，但大多数企业只是简单地使用互联网相关的技术进行了平台的建设，在平台建设的思路上过于强调管控，更多的是制定规则将上游供应商、下游分销商绑定到这个平台上，而不是像淘宝那样以尽可能开放的心态，真正吸引那些有才华和智慧的创新人士在这个平台上施展自己的才能，给整个平台注入源源不断的创新源动力。而且一旦体系开放，企业的能力对外交互永远是双向的，在将企业的核心业务能力对外输出的同时，也让外围生态圈中的合作伙伴将相关的业务需求和数据回流到企业中，更好地触动企业自身业务的发展并沉淀了行业级数据能力。

有一种说法是，在接下来的数据智能时代，80%的传统企业都将转变成科技公司，其背后的逻辑是任何组织和企业都将基于数据构建起企业的核心竞争力，数据或IT能力将像企业的商品一样可以对外进行输出售卖，而这些数字能力是多年来这家企业在业务发展过程中沉淀出的对行业和社会有价值的能力。笔者对这个说法是完全赞同的！

当各个领域越来越多的企业和组织沉淀出对行业和社会有共享价值的数字能力，并将这些能力开放后，笔者认为将会有更多融合这些数字能力的跨界创新出现，有可能会推进新的创新浪潮的到来。几年前笔者参与过一个政府项目，当时政府各个厅局（法院、工商、税务、社保、公安等）各自经过了多年的IT系统建设，但这些业务和数据彼此之间都是割裂的，导致出现了一些问题，例如某人去世了，但依然有人在领退休工资，因为从社保系统的数据来看，这个人还处于在世状态，但实际上在公安系统中这个人已经处于去世状态，可是数据信息并没有及时同步到社保系统中；又例如有人将资产转移到其他亲友名下，故意不偿还自己的债务，这样的老赖在个人金融系统的数据显示中属于无力偿还的一类，但如果结合公安系统的关系图谱信息、工商系统中的公司资产信息等，是可以让这种现象无所遁形的。这个政府项目的目的就是消除各个职能厅局间数据不畅通的现象，让各个厅局的系统数据都遵循统一平台的规范，以服务的方式开放给政府各个职能部门，这样政府才能从全局的视角更好地统筹协同各厅局间的工作，给企业和百姓提供更加便利的服务，同时杜绝上述事件的发生，如图 2-18 所示。

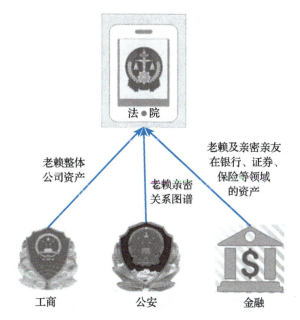

图 2-18　整合各厅局开放的数据服务更好地解决社会问题

政府厅局中各系统这么多年沉淀的数据单单通过在政府内部开放就能解决很多问题，改变很多目前社会中存在的不合理的现象，再大胆设想一下，如果有一天这些数据能在某种程度上开放给整个社会，发挥社会上各行各业创新人才的智慧，基于这些数据和服务一定能产生无数的创新应用和平台，这将对整个社会的发展带来巨大的推动力，也会是整个社会创新发展的重要"核燃料"。当然，目前还无法揣测将来什么时候会有政府数据服务开放，但这些数据蕴含的价值是不可估量的。

能力开放的发展趋势也会逐步改变很多传统行业的业务格局，以服饰品牌零售商为例，十几年前，绝大多数的品牌商都是自建整个业务链，即产品企划、设计、生产、物流、销售等环节的工作都由企业相应的部门负责。而随着行业经过多年发展后，有些企业具备了在某些业务环节非常专业的能力，而且将这些能力对行业中其他企业开放，其他企业发现采用这些外部专业团队提供的服务不仅提升了某个业务环节的效率，也大大降低了初始投入成本，让业务启动更加快捷。在这一变化下，很多轻运营模式的品牌迅速崛起。例如，某品牌商只构建了自己的品牌企划和产品设计团队，利用外部产品生产、物流配送、商品补货算法、线上运营、线下渠道等企业提供的专业能力，高效且低投入地建立起整个业务链，在2~3年内就取得了年销售额超10亿的业绩。这在十几年前是不可想象的事情，而能让这一切成为现实，笔者认为本质就是在业务链中提供了各种专业能力的企业经过多年的沉淀，打造出了对于行业来说有共享价值的能力，将这种能力开放给整个行业就能起到促进行业发展的作用（见图2-19）。

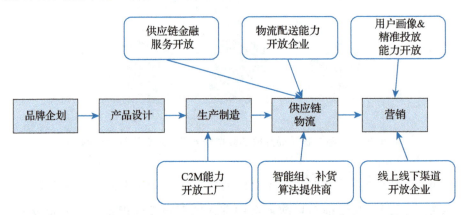

图2-19　能力开放推动行业优化出新的价值链

这些能力不是单单建立在人员、厂房、组织、资金上面，这些确实是构建企业专业能力的必要条件，但这些构建不了企业竞争力的真正壁垒，一定需要具备数字能力才能体现出专业能力并对行业进行更高效的赋能。只有你的商品组货、补货算法相比企业自己或其他团队提供的算法更好地帮助企业降低库存率、减少丢单率，企业才会选择用你的算法；只有你能给企业提供柔性生产、小批量商品生产能力，按时按量地交付商品，同时还能充分发挥产线产能，企业才会更青睐你，这就需要超高的供应链协同能力、优良的柔性排产算法，只有具备了很强大的数字化能力，才能在给企业提供柔性生产服务的同时，自身还能持续发展下去。

以上两个例子说明，企业数字化转型发展的趋势会是能力的开放，只有那些在数字化转型过程中愿意投入、敢于挑战难题、日复一日不断探索的企业才会真正沉淀出笔者所说的对行业和社会有共享价值的数字服务能力，唯有达到这个程度，才能说明这家企业的数字化转型达到了较高的水平。再多想一步，在不久的将来，越来越多的组织（包括政府等职能机构）和企业会开放自己的数据和服务能力，这些服务能力就像企业现在所售卖的商品那样。这时，会不会出现一个平台，这个平台就像淘宝，各个企业将自己的服务能力发布到这个平台上来，供社会上的个人、团队和组织选购，选购这些服务能力的人将对这些服务能力进行功能的整合、跨界和融合。可以想象，这必然会衍生出无穷的创新，这些创新会更好地解决社会问题，给用户提供更好的服务体验，甚至产生全新的商业领域，如图 2-20 所示。到那个时候，所有人面对的社会公共服务资源是平等的，比拼的是谁能更深入地洞察业务和需求，以及利用这些社会开放服务开发出具有创新性的产品和平台，那个时候才真正是"大众创业、万众创新"的盛世。

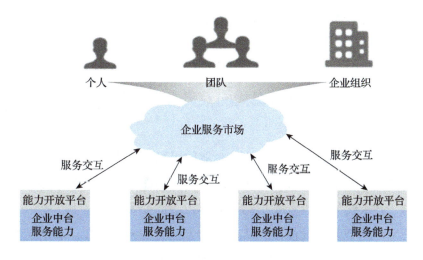

图 2-20　企业服务开放将构建起社会创新生态

另外，笔者认为检验企业数字化转型成功与否一定由外部判定，而不是由企业自我认定，而能力开放正是检验企业数字化转型的最好标准。只有在这家企业通过数字化转型很好地解决了企业自身业务发展诉求的同时，还能将沉淀下来的有社会价值的数字能力对外输出给企业上下游、产业链甚至整个社会，才能用事实证明企业数字化转型相比传统的数字化建设有了本质的改变和提升。

最后做一个总结，从发展的角度来看，**对于已经到来的开放共享经济时代，围绕企业核心能力构建的生态体系的竞争将成为常态**，企业以何种能力和姿态面对这个时代的到来，从淘宝的能力开放平台的事例以及各大互联网公司纷纷推出自己的开放平台的现象就能感知到，如果企业想构建出真正的生态体系，能力的开放是大势所趋，而且这个能力对上下游企业、行业、社会来说一定是有价值的。企业能够获取的业务能力和数据一般来自自身行业的业务场景，企业一定要好好地利用这些业务场景，不管是与客户的营销场景，还是与供应商的采购场景，或者是产品设计场景，等等，在这些场景中沉淀出具备企业特质、有价值的业务能力和数据，随时为企业能力开放、融入社会跨界创新、融合创新的大环境做好准备，甚至会成为企业产业转型依托的根基。

要素十：从职能型组织架构向业务导向型组织架构转变

从组织架构的视角来看，传统企业的组织架构设置沿袭了100多年前弗雷德里克·温斯洛·泰勒基于"还原术"构建起的科学管理方法，他设计出的"流水线"作业方式推动了人类社会的变革，让"电"这一伟大发明真正为传统企业高效使用，从而推动了社会的整体变革。泰勒所发明的"流水线"方式是在工业时代，企业面对需求明确（高效生产出商品）、追求规模化生产、生产效率最大化时的科学产物，在人类进入工业时代的早期起到了加速时代变革的作用，具有划时代的意义。在这样的方法论指导下，企业按照业务流水线上不同的职能来设计组织架构，图2-21即为一家企业典型的组织架构图。

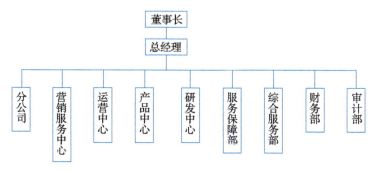

图2-21 企业的传统组织架构

这样的组织架构图从职能上来看确实可以让部门间的职能分工清晰，使不同部门之间的协作可以通过上级部门进行平级协调。但这种架构所带来的问题也逐渐显现，虽然从理论上看，企业的每一个部门都为企业的最终战略目标贡献着部门应有的价值，但实际上很多时候每个部门均从自己部门的利益和角度思考问题，部门内部的协同协作还算顺畅，一旦牵涉跨部门的协同，则协同效率极其低下，会出现所谓的"部门墙"现象。

这个问题映射到IT系统层面，则会看到业务部门无一例外只会基于自己所在业务部门的需求给IT团队提出系统建设的需求，导致企业的IT系统建设均是针对局部业务部门的需求：根据产品设计部门提出的需求建设起了产品生命周期管理（Product Lifecycle Management，PLM）系统；根据生产制造部门提出的需求建设起了制造执行系统（Manufacturing Execution System，MES）；根据市场营销部提出的需求建设起了分销平台、电商、CRM等系统。在所谓保护公司机密数据不外泄的理由下，各部门管理者不愿意将不同系统间的数据在公司内部开放和共享。从业务局部、眼前的需求来建设系统的方式就是今天企业中"烟囱式"系统林立的根源，也就是企业没有一个人从全局的视角思考如何采用更科学的IT业务架构来支撑企业业务更好地发展。

这样，在"流水线"业务链环境下构建起的 IT 系统更加强调对业务进行标准化、流程化、强管控，让笔者联想到法国的马奇诺防线（Maginot Line）。马奇诺防线是法国在第一次世界大战后，为防止德军入侵而在其东北边境地区构筑的筑垒配系，历时 12 年，用钢筋混凝土建造而成，防线主体长达数百公里，地下深度为十几公里，防线内部拥有各式大炮、壕沟、堡垒、厨房、发电站、医院、工厂，等等，通道四通八达，较大的工事中还有有轨电车通道，可以称为迄今为止人类工程建设领域的杰作之一，如图 2-22 所示。

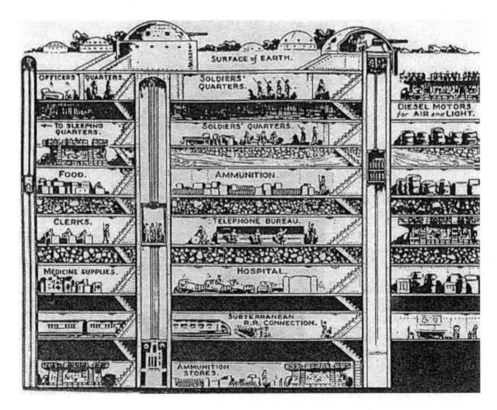

图 2-22 马奇诺防线内部结构示意图

但由于比利时反对在法比边界修建防线，所以马奇诺防线没有延展到这部分的国境线，但万万没有想到德军会由此突破，马奇诺防线也因为德军袭击其背部而失去作用，法国也在战争开始没多久后就投降德国。

为什么看似固若金汤的马奇诺防线会如此不堪一击？核心原因是法国人认为德军一定会通过这条国境线入侵法国，而没有预料到德军会通过其他渠道绕过这条防线。

再看今天的企业IT系统，绝大多数系统均是面对企业已知的业务需求而建的，但在互联网时代，企业和组织面临的竞争和威胁可能不是来自眼前已知的行业内的竞争对手。例如，某方便面企业的营收近几年出现大幅下降，原因不是来自行业内最大的竞争对手，而是来自覆盖度越来越广泛的外卖行业；国内顶尖的连锁商超市在被互联网巨头收购后，其董事长在辞职演讲时发出感慨："赢了所有竞争对手，却输给了时代。"这样类似的案例在今天并不是个例，颠覆企业的对手并不一定来自当前行业，而是另外的行业，而且可能面临的是来自其他行业的降维打击，相信这也是很多传统企业最高领导者对未来表示出危机感的重要原因。

总体来说，笔者认为如今传统企业组织形态刚性有余，韧性不足。在业务需求明确，追求业务规模化、效率最大化的情况下，采用传统工业时代的流程化IT系统建设能很好地满足需求；然而，一旦外部环境的需求多变，需要更灵动的业务响应，甚至在面对不可预测的业务打击时，这套系统建设的弊端就会暴露出来。系统韧性不仅体现在更快捷的业务响应上，也体现在企业受到不可预测的打击后，还有能力利用原有的能力沉淀迅速展开有效抵御和反击，不仅能帮助企业渡过难关，甚至能在危机中实现企业的华丽转身。

要解决传统企业组织架构的问题，可以参考阿里巴巴的中台架构以及如华为、海尔这样的顶尖企业的做法，将组织架构遵循以下3个原则进行优化调整：数据透明共享，组织设置尽可能以业务为导向，保持高度的认知统一。

1. 数据透明共享

要彻底打破传统组织模式下部门间、业务环节间信息共享不畅通，形成信息壁垒的现象，首先要解决的问题是实现数据的透明共享。让不同团队间形成高效协同的基础是所有信息都尽可能透明共享，数据的透明共享不单单能降低不同团队间的协同成本，提高协作效率，而且基于前面要素九所阐述的，数据会随着共享开放的范围扩大而发挥更大价值。

基于前面要素一至要素三所描述的，平台的整体架构是分层的，整体的设计原则为"上层可以依赖下层、上层可跨级依赖、平层间不允许依赖"，这也就意味着从第二层往下的产品服务层、产品共享服务层、中台层的服务都将会被上层的应用所依赖，将这些能力做到开放共享本质上就是对于数据透明共享的落地。

有的读者可能会担心数据开放共享会带来数据泄露问题，这里笔者想提及 X 理论和 Y 理论（Theory X and Theory Y），这是管理学中关于人们工作源动力的理论，由美国心理学家道格拉斯·麦格雷戈（Douglas McGregor）于 1960 年在其所著的《企业中人的方面》一书中提出。

X 理论假设：一般人的本性是懒惰的，工作越少越好，可能的话会逃避工作。大部分人对集体（公司、机构、单位或组织等）的目标不关心，因此管理者需要以强迫、威胁处罚、指导、金钱利益等诱因激发人们的工作源动力。一般人缺少进取心，只有在指导下才愿意接受工作，因此管理者需要对他们施加压力。

Y 理论假设：人们在工作上投入的体力和脑力就跟在娱乐和休闲时投入的一样，工作是很自然的事——大部分人并不抗拒工作。即使没有外界的压力和处罚的威胁，他们一样会努力工作以期达到目的——人们具有自我调节和自我监督的能力。人们愿意为集体的目标而努力，在工作上会尽最大的努力，以发挥创造力、才智——人们希望在工作上获得认同感，会自觉遵守规定。在适当的条件下，人们不仅愿意承担工作上的责任，会还寻求更大的责任。许多人具有相当高的创新能力去解决问题。在大多数的机构里面，人们的才智并没有得以充分发挥。

虽说这两个理论并没有完全的对和错，但在当今企业中，特别是在互联网企业中，大多数人对 Y 理论持肯定态度并将其作为付诸实践的指导思想，在推动员工工作自驱力和创新方面采用 Y 理论相比 X 理论有更好的效果。所以企业应该创造一个信息透明共享的环境，员工在此过程中会感受到公司对自己的信任，绝大多数员工回报给企业的也同样是正直和忠诚。虽然可能真的会出现个别的数据泄露情况，甚至给企业带来业务上的损失，但笔者依然坚信数据开放共享带来的业务价值一定远远超过因为可能的数据泄露给企业所造成的业务影响。而且，如何避免数据泄露是一个技术问题，如今已经有各种成熟、完善、体系化的技术手段可减少数据泄露情况的发生。

2. 组织设置尽可能以业务为导向

业务导向是指整个组织中不同职能的人员都有非常清晰的业务目标，所有的协同均是围绕最直接的业务目标进行的，比如完成电商业务营收提升 100%，会员复购率提升 30%。海尔集团发明的"人单合一"以及被越来越多的企业所接受的"阿米巴"经营管理模式，在本质上均是企业组织架构以业务为导向的体现。

（1）业务导向的组织架构

在中台架构中，根据业务导向的原则转变的组织架构示例如图 2-23 所示。

前台的业务部门会针对不同的业务场景或者用户群体设置"组织单元"，组织中的成员将来自原本不同的职能部门。例如，面向企业 VIP 客户的"组织单元"，有来自产品设计、研发、营销、售后等部门的人员，甚至有人力资源（关于为什么建议每个业务部门都能有这一角色将在下一节中说明）部门的人员参加，整个组织单元会针对企业 VIP 这一重要用户群体提供端到端、一体化的服务，该组织中所有员工的工作都有清晰的业务指标和目标，在部门统一的业务导向下，工作协同性和积极性将有很大程度的提升。

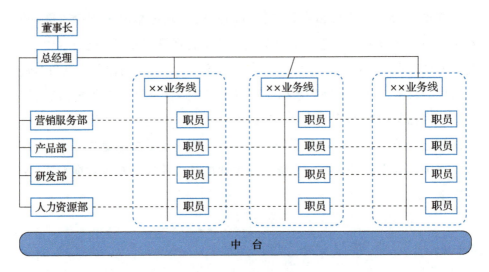

图 2-23　业务导向的组织架构

为了更好地让分布在不同业务部门的专业人士（比如运营、HR、产品经理等）还能与同业务领域的同事有着顺畅的互相学习和探讨的渠道，一般也会有一个虚拟的与原有企业类似的按专业领域和职能划分的部门，从专业的角度给这一领域中的人员提供全局的业务能力提升和赋能工作。采用这样矩阵式的组织架构，既能让不同职能的人员面向清晰的业务导向进行高效的业务协同，同时也能较好地兼顾同一专业领域的人员间的相互学习和借鉴，使得专业能力不断提升。

就这样，中台架构在某种程度上改变了业务部门、技术团队的业务协同模式，企业信息中心的部门由"业务支持"职能逐步转向企业数字资产运营，这能同时促进人才能力的改变和升级，这也是很多企业的领导者在进行中台建设探讨时经常问到的问题。

（2）前台和中台的价值定位

对人才能力以及职能的要求都是为了支持所在部门在组织中发挥企业所期望的职能，当中台架构构建后，对于前台业务和中台部门也赋予了不同的职能使命，相比于之前业务部门在业务链中的职能分工，由企业信息中心提供 IT 系统建设及维护这样的职能有了很大的变化。我们认为中台架构下前台和中台的主要价值定位如图 2-24 所示。

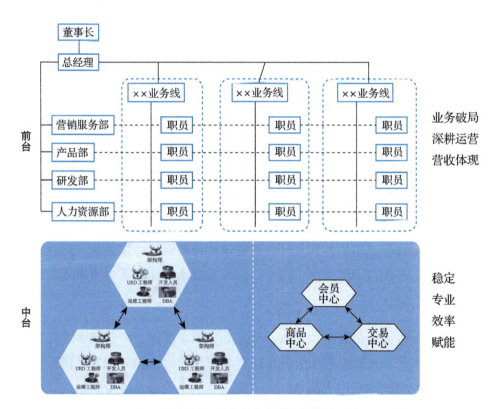

图 2-24 前台和中台的价值定位

前台部门的三大价值定位包括：**业务破局、深耕运营、营收体现**。前台业务部门的首要职能在于业务破局，特别是当该业务处于探索和试错阶段时，应考量该业务团队是否实现了该业务领域的破局工作。这里的破局不单指帮助企业挖掘了一片新的业务领域或者商业模式，也可能是针对现有用户提供了一种新的用户消费体验，采用新的供应链协同架构实现了企业供应链效率的质的飞跃，这些都可以称为业务破局，目标是将一个最初的想法落地，并验证当初的想法是否给企业带来了达到预期甚至超出预期的商业价值。

在前台业务部门进行破局的过程中，业务需要持续地运营，在业务的不断发展和市场反馈中，不断优化和调整业务策略和系统体验。当业务成功破局后，更需要大力度、深入的业务运营，争取在最短时间内构建起相应的竞争壁垒，以保持对后来追赶者的竞争优势。这些前台业务部门是企业面向市场、供应商、客户最直接的触点，同时绝大多数前台业务部门承载了企业主要营收的指标，所以营收体现也必然是一个重要指标。

要体现这三大价值，前台业务部门一定需要对这一业务领域非常精通的专业人才，并有好的业务领头人能带领团队坚持向前，不断克服困难。所以前台业务部门都应该有业务部门总经理这样的人才，负责给团队制定战略方向，执行过程管理，为总体结果负责；还应该有产品经理这样的角色，能基于收集到的需求、对业务的理解、市场竞争分析设计出一个业务架构；有精通专业知识的人员，负责对该业务的后续持续地深入运营，业务的运营离不开技术的支撑，有专门的开发技术团队能更加及时地满足该业务的需求响应。

中台的价值定位包括：**稳定、专业、效率、赋能**。企业中台首先要提供稳定的服务，前台所有的业务系统都要依托中台的服务能力才能正常运转，一旦中台的服务出现故障，就不单单是一个业务系统受到影响，有可能造成大范围内的业务故障。另外，在各个业务领域给前台业务提供专业的服务，每一个服务中心都需要一个独立的团队进行持续、专业的运营，以保持这个服务中心的稳定运行以及可扩展性。所谓的扩展性即最大限度地保障当前台提出任何业务需求时，服务中心的能力都能充分共享，有共享价值的业务能力能平滑地沉淀到共享服务中心。企业中台的目标是不会出现因为服务中心设计问题而使新的需求无法接入，或者应该沉淀的共享能力无法融入服务中心的情况。

对应于前台业务部门的业务破局职能，中台需要做的事情是通过自身业务能力的沉淀，能将需求响应效率的价值体现出来，让企业以足够小的成本在足够短的时间内实现业务破局想法的落地。业务成功破局后，中台承载的更重要的职能则是赋能！将业务破局后所收获的业务能力沉淀到中台，让该业务能力在企业更广的范围内产生价值，也会通过中台积蓄的核心资源和能力将业务破局后打开的市场缺口迅速规模化。

（3）中台人才的特点与培养

要实现中台的价值，不仅前台业务部门的组织需要进行调整，最重要的是中台部门的组织也要进行合理的调整。中台建设的早期，中台的运营主要依托于企业原有的信息中心团队，而企业信息中心的大多数人员在以"流水线"方式进行的一个个系统建设过程中履行着项目经理、架构师、开发者、运维人员的职能。

互联网时代对于企业业务最大的影响之一是打破了业务边界。原来企业的整个业务链，从产品设计、生产制造、物流供应链到营销体系几乎都是由企业自建，当然，部门的员工也都是企业自己的员工。但今天的企业已经意识到，通过互联网思维和技术可将社会中更专业、优质的资源为我所用，可用更低的成本、更高效的方式实现企业业务链的正常运转，新型的社会协同网络化的业务形态正在形成。举例来说，海尔公司的"众创意"平台是一个面向整个社会收集家电创意的开放平台，理论上全球任何人对于家电有好的创意或想法，都可以将其上传到这个平台，一旦创意被海尔的设计团队所认同，就会将这个创意变成真实的产品推向市场，因此海尔公司有了专门洗土豆的洗衣机，专门适合孕妇用的冰箱，全球有创意的人都成了海尔设计部门的一员，而不是像以前那样，海尔所有的商品都来自企业内部的产品设计团队，这就体现出互联网打破了企业原有产品设计领域的边界。

这样的事例体现在更广泛的业务链中，导致的必然结果就是业务变得越来越复杂，迟早会超过一个人对于一个专业领域的认知范围，而解决这一问题的方法就是专人做专事。不要再期望有人对于整个业务链的每个端点都很了解，应让不同的团队针对不同的专业领域持续沉淀和运营，在该领域中做到足够专业，这样对于人员的专业能力沉淀以及企业所需的业务创新、人才培养都有巨大的帮助。

建设共享服务中心后，中台人员组织的调整示例如图 2-25 所示。

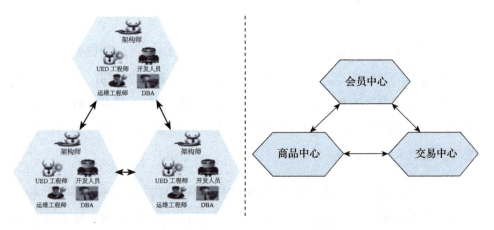

图 2-25　建设共享服务中心后，中台人员组织的调整

针对每一个服务中心，会由不同角色的人员（架构师、开发人员、DBA、UED、运维工程师等）组建成一个新的组织，每一个这样的组织都针对某一服务中心提供持续的服务能力开发及运维，更准确地说是基于这一服务中心的业务能力进行"运营"。采用围绕服务能力持续运营而独立构建的组织形态，让整个团队对该服务中心的能力逐步完善、专业沉淀以及稳定负责。在这个过程中，团队的成员就有了足够的时间和机会对于该服务相关的业务领域有更深入的理解，从而为团队培养出"精通业务、懂技术"的复合型人才创建了良好的生长土壤。

总体上，从中台部门所需的人员能力角度来说，一定需要有对该业务领域理解得非常深刻、有体系化思维、对该服务中心的核心设计架构了然于胸的人才。缺少这样的人才，服务中心就面临着被来自前台业务部门各种个性化的需求不断冲击的问题，在没有专业判断的情况下，一旦越来越多的个性化需求渗透到共享服务中心，那么该服务中心的业务可扩展性必然逐渐丧失，到了不能共享和无法沉淀业务的时候，也就宣告了该服务中心的历史使命的终结。

所以在中台的各个服务中心团队中，最为核心的角色就是**业务架构师**，各服务中心的业务负责人一般会担任此角色，业务架构师是整个服务中心业务发展的领路人，也是保障服务中心核心业务具备通用性和公共性的最重要的捍卫者。

业务架构师正是那种典型的"精通业务、懂技术"的复合型人才，他们一般出身于技术开发领域，在多年业务领域的需求实现中，掌握了该业务领域全面的知识体系并有自己独特的理解，对该业务在集团内的职能定位、市场发展趋势都有一定的全局认识，能从业务的视角带领团队朝着服务中心的核心能力打造、更专业、更成熟的方向前进。各个服务中心自然也离不开随着业务能力的不断沉淀进行快速实现的技术开发人员。

随着企业业务数据的不断沉淀，面向业务场景的大数据应用自然体现在中台部门，笔者一般建议将具备面向业务场景进行业务分析、数据分析、算法设计和开发的专业人员统一归属于独立的"数据服务中心"团队，一般会包含以下专业角色：

- **数据分析师**：专门从事行业数据搜集、整理、分析，并依据数据做出行业研究、评估和预测。
- **算法工程师**：基于数据分析师给出的数据分析结果，设计和开发出相关的算法来解决实际业务问题。
- **大数据开发人员**：利用各种大数据平台进行实际的大数据应用的开发工作。

从企业的 IT 全局架构来说，除了上述中台和前台业务所需的人才，还可以建立公共团队，人员包括技术架构师（负责应用运行所需的开发框架、技术平台的选型等工作）、用户体验设计（UED）、基础设施运维人员、数据库管理员（DBA）、测试员等专业人员，这些都是中台构建和运营不可或缺的人才。企业构建中台架构后不同人才分布的示例如图 2-26 所示。

图 2-26 中给出的人才建议仅仅是一家企业的最简参考配置，考虑到绝大多数企业都没有足够的资金以及复杂的业务需要招募如阿里巴巴集团这样数量众多、分工细致的专业技术人员，各家企业可基于中台建设所处的不同阶段有节奏地进行人才的培养和招募，当然，随着部分业务的不断深入和重要性的提升，前台业务部门、中台各个服务中心的团队也会拥有公共团队中的专业人员。

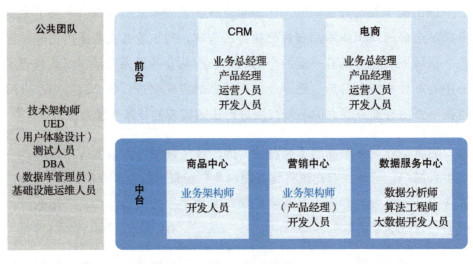

图 2-26　中台人才的典型分布

当然，以上介绍的组织形态并不是金科玉律，在实际发展过程中可针对企业当前的业务模式、组织形态进行有节奏的推动和调整，最终，通过共享服务体系的建设以及组织阵型的调整，在有效提升员工积极性和创新意识的同时，让企业整体的业务响应、创新效率得到极大的提升。通过组织变革，使得信息中心部门从之前在企业中承担"业务支持"工作转变为基于企业核心业务和数据进行运营的团队，这个团队在更快、更好地支持业务发展的同时，帮助企业沉淀出最核心的业务和数据资产，逐步培养出企业最稀缺的"精通业务、懂技术"的复合创新型人才。

3. 保持高度的认知统一

当前，另一个影响企业创新的瓶颈来自企业的内部，更准确地说是来自企业的中层领导，他们中的绝大多数人是企业早期发展的受益者，缺乏企业最高层领导带领企业继续发展或持久生存下去的使命感和责任感，任何创新和改革几乎都会带来企业内部权益的重新分配，所以他们往往是企业创新难以落地的一个阻碍，这种现象也称为"中层绑架"。

另外，中台架构构建起的业务阵型，从好的方面看，业务的解耦更好地实现了"专人做专事"，按业务领域进行了划分，方便团队在领域里持续运营；但也有不好的方面，企业要实现一个业务，就需要跟多个服务中心的运营组织协作。如果只是简单地进行服务接入还好，如果要回答以下问题：业务中哪些功能需要中台提供？哪些功能在前台应用中实现？不同组织功能实现的边界在哪里？这就对企业整个体系的协同效率提出了更高的要求。

企业需要在一个更高的层面上达成统一：认知！"认知"是一件听起来很虚的事，但在笔者看来，认知对于企业尤其重要。如今的企业很难靠企业领导者一人的能力走得更高或者更远，而一定是依靠企业团体的力量。只有大家"力出一孔"，才能在局部构建起最大的竞争力，这需要整个团队所有人对于目标有足够清晰的认知，对于所做的事情具备足够的使命感。

对于前面提及的"中层绑架"现象，不能单单责怪这些人，绝大多数员工是企业的从业者，他们所表现的保守、不积极也是可以理解的。笔者认为企业最高领导者也是有责任的，还可能责任占比比较大。很多企业领导者有着足够的转型危机感和魄力，都能意识到这个时代任何一个技术的出现、一种现象的发生都可能给企业带来巨大的冲击，甚至是颠覆式的毁灭，而且这种冲击往往是跨界的，而不是来自眼前行业内的对手。带领企业领导团队寻找到破局和转型的方向，是企业领导者的本职工作，而不能简单地将这种转型意愿下压到中层领导，这两类人群本身的出发点就不尽相同，自然到落地层面后，结果往往离企业领导者的期望有不小的差距。

出自 IBM 咨询的业务领导力模型（Business Leadership Model，BLM）是企业战略制定与执行连接的方法，如图 2-27 所示。

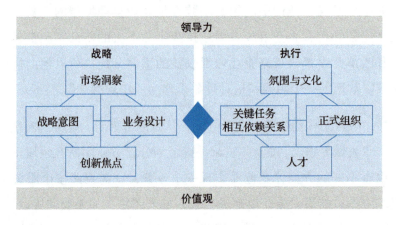

图 2-27　业务领导力模型

参加过类似 BLM 或者精益价值树培训的读者会有感觉，在整个培训中，特别是在结合企业自身业务进行的实战中，从企业愿景到目标的过程，是企业领导团队认知统一的一个过程。愿景是展望未来，企业在 5 年或者 10 年后在社会上到底完成什么使命？组织最终确定下来的愿景往往是足够让人兴奋的，但问题在于中层领导在目标分解过程中如何很好地保留这份愿景和使命，使基层员工落地层面也能感知到每个人所做的工作跟企业的愿景和使命有足够的关联！这样的关联感知越弱，员工的积极性和自驱力就越弱，如果员工认为这就是一份跟在其他企业一样的工作时，自然会挑选更轻松或收入更高的工作。笔者过往在优秀企业中工作所感知到的是，团队有愿景，而且愿景很有社会意义和价值，同时确定了各阶段明确的目标，那么团队员工所表现出的工作满意度、自驱力、积极性就完全不一样。

所以，对于"中层绑架"的现象，企业领导者不应停留在无数次会议中提出的口头要求上，而应该切实地带领领导团队将组织的愿景和目标明确，让大家深切地感知到变革和创新对于实现那个伟大愿景的意义。只有这些人的思路开放了，当面对对企业有价值，但可能会损伤到个人和部门利益的做法时，才不会出现来自内部的阻力；当这些人对企业的愿景和目标有了足够的认知和认同，他们自然会让团队和成员获取同样的认知。当然，如果还有"保守派"一意孤行，企业领导者也应展现出足够的魄力，将这些阻碍企业变革的领导调整到其他岗位甚至请他离开。整个组织有这样的氛围，将会使那些阻碍组织进步的人无所遁形，没有同样的使命感和价值观的人在这样的环境中也就没有舒适生存的空间。在阿里巴巴集团的价值观中有一个非常重要的点是"拥抱变化"，来到阿里之后看到和遇到的组织调整之大和频繁，确实是在传统企业中无法想象的，但每一次的调整都是围绕着集团的战略和目标而构建，相信这也是阿里巴巴集团能在互联网领域持续保持创新活力的一个非常重要的因素。

在实现组织的"认知统一"方面，笔者认为需要一个非常重要的组织岗位——HRBP（HR Business Partner，人力资源业务合伙人）。这一从互联网公司流行的 HR 岗位正被越来越多的传统企业接受和采纳。组织设置 HRBP 的核心理念就是支撑企业业务发展，发现业务中存在的问题，然后通过 HR 的专业知识为业务提供支撑，使业务体系能更加良性地运作。相反，传统 HR 认为自己是管理部门，是帮助企业去监督和管理所有业务人员的，这个思路在今天来看是绝对错误的，不单单表现出典型的职能部门形态，而且没有直接的业务导向。如果定位是监督和管理企业人员，就不会从帮助业务、人才发展等角度考虑问题，甚至在某些时候成为企业业务发展的阻碍。

HR 的正确态度应该是将员工作为客户，然后聚焦客户，针对不同的组织、不同的员工制定有效的定制化解决方案，正向影响和激励大家，这才是对待客户的态度。当然，聚焦客户不是简单地迎合客户，而是让客户满意，这个时候 HR 不应仅仅设计一个绩效考核表就直接发给业务部门，而应认真了解业务部门的需求，明确绩效考核到底能够帮助业务部门解决哪些问题，让业务部门会用、爱用、抢着用。这样，HR 和客户间就有了信任和黏性，这才是真正的聚焦客户。

要达到以上目标，HRBP 必须首先做到理解业务，而且只有深入一线，才能更加深刻地理解，这就是为什么需要将 HRBP 放置到业务部门。这样只要 HRBP 用心，愿意多花时间去参加业务会议，多与员工和业务领导沟通，就能得到很多有效的信息，也会逐渐了解业务情况。管理是相通的，虽然可能行业不同，但都是某几类工作的集合体，只要你懂得融会贯通，了解业务并不是难事。

对于传统 HR 从业者来说，之所以不理解业务，是因为没有主动沟通，而只是被动接受或简单迎合。因此，理解业务不是空话，而是真的潜心去沟通、学习、研究、思考，一定要跨越这个鸿沟！BP 的意思为业务伙伴，可见理解业务是前提，否则何谈伙伴？

总的来说，笔者认为 HRBP 是一个对人的综合素质要求非常高的岗位，在中台这一需要很强的组织间业务协同的体系中将发挥更加重要的作用，从组织的角度来看，解决问题，助力业务，推动战略都是 HRBP 义无反顾应该履行的职责。

小结

以上十条要素是笔者对企业数字化转型采用平台思维建设系统的总结。基于笔者对数字化转型的实践和理解，转型的主导者是否具备平台思维是当前数字化转型的关键，只有提前对这些问题进行思考，才能对数字化转型有总体的、清晰的规划和落地的思路。基于以上讨论，笔者对数字化转型的理解是："**以平台思维，利用互联网技术建设支撑企业战略可持续发展的架构和系统**。"

本章介绍的平台思维中提及了很多解决问题的思路和方法，比如中台架构、运营平台、功能商城等，再好的思维都离不开优质的落地方法，要追求高质量的落地实现，必然需要更加体系化和专业的建设方法。在接下来的章节中，笔者将根据自己多年的实践经验，更加细致地描述平台建设的方法和功能设计，相信对数字化转型的实践者会带来一些帮助。

第三章
中台架构的建设思路

近几年来，在各种书籍、文章的宣传下，绝大多数的企业领导和IT从业者都对中台的理念和架构有了一些理解，但对于中台落地的细节还有很多疑问，如中台架构到底能给企业带来什么业务价值？有几种建设方法？如何进行建设？落地形态到底是什么样子？中台建设后会对企业的IT系统建设带来什么影响？组织人员如何升级才能更好地满足中台的发展？本章将基于笔者在过往中台建设过程中的经验和思考，介绍中台架构的建设思路，希望能对正处于数字化转型或中台架构建设规划阶段的读者带来一些帮助。

一、业务中台的架构与落地形态

业务中台建设的目标是实现企业业务数据的实时、统一、在线。一般提供在企业业务场景中在线交易类型、偏实时业务处理相关的服务能力，比如在电商平台上实现一个订单的创建，在分销平台中进行一次库存的调拨，在财务系统中产生一笔转账操作等，就是我们技术人员常说的OLTP（On-Line Transaction Processing，联机事务处理过程）类型的数据处理。大多数企业的业务链路基本涵盖了商品设计、生产、销售、售后等环节，所以很多企业的业务中台架构如图3-1所示，其中有很多服务中心，一

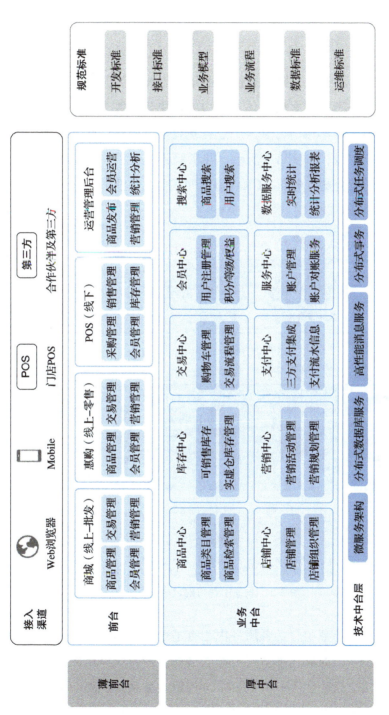

图 3-1　业务中台的功能

般都会包含商品中心、库存中心、交易中心、会员中心、营销中心、支付中心等。

通过各个服务中心提供的服务能力，支撑前台不同业务系统在线交易，这些服务中心不同于之前单体系统中的模块化，每个服务中心所提供的服务能力并不是单单给前台某一个业务系统提供服务，而是对于前台所有业务场景进行支撑，如图3-2所示，共享服务中会员、商品、交易等中心提供的服务同时会支持电商、CRM等不同平台在该业务领域中所需的服务。

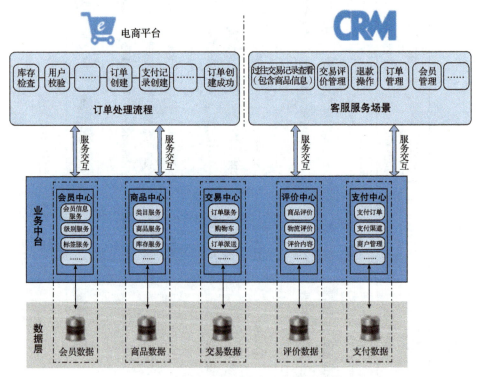

图3-2 业务中台与前台应用间的关系

正是因为业务中台的各服务中心有了这样的功能定位，同时承载了企业将来很长一段时间内业务可持续发展的使命，所以服务中心的建设有了相比传统功能模块化不一样的要求。传统大型系统一般会采用模块化的方式进行更清晰的业务建设和维护，比如有些平台从架构图上来看也会提供类似中台的会员、商品、支付等功能模块，从业务逻辑上进行了模块隔离，但本质上这些模块间的代码互相强依赖，而且共享一套数据库模型，再加上与前端交互相关的需求都在这些模块中实现，在这样的架构中，一旦业务需求超出了ERP平台本身的业务和数据模型的上限后，定制和扩展的成本就变得非常高昂。而且像这样围绕一套代码耦合、数据模型共享的平台进行业务建设，随着业务扩展和定制的功能及外围系统的建设越来越多，"牵一发而动全身"是对这种平台非常形象的描述，最终就会使得平台的功能扩展性以及稳定性变得越来越差。每一次功能的扩展、升级上线所带来的回归测试将给企业带来巨大的成本投入，更为严重的是基于现有平台无法满足新的业务需求，究其原因就是各种业务和数据模型的紧耦合让整个平台逐渐丧失了业务的扩展性。

为了避免发生以上情况，保持各个服务中心的业务扩展性是中台建设中非常重要的一个原则。为了达到这样的要求，业务中台里各个服务中心的落地形态需要具备以下几个特征：

- **代码和数据库完全隔离**。业务中台各服务中心的代码、数据库各自独立，以服务接口的方式实现业务解耦，这样势必能对不同的业务模式、场景有更好的兼容性和扩展支持；同时拥有更快的交付和响应能力以及平台稳定性，大大避免了出现因为代码、数据模型紧耦合带来的应用迭代慢和系统不稳定的问题。

- **仅提供该业务领域的公共能力**。各个服务中心在代码和数据模型的角度进行了隔离，从技术层面上大大提升了业务扩展的空间和可能，但如果将前台业务中对业务领域所有的需求都在该服务中心实现，而这些需求中不可避免地掺杂着具有场景性、个性化的逻辑，一旦这些个性化的逻辑落入服务中心实现以后，势必会影响服务中心的业务扩展性。所以在业务中台的各个服务中心提供给前台业务的服务称为功能需求的"公共集"，只有在业务上真正具备公共、共享价值的功能才会沉淀到中台的服务中心，个性化、场景化的需求则依然在前台业务系统中自己实现，核心是保持各服务中心业务的持续扩展性。

- **仅以服务方式对外提供访问**。各服务中心仅提供服务功能接口，没有特殊情况，服务中心一般提供涉及前台用户访问的交互界面，服务中心之间以及服务与前台应用间均采用服务的方式进行交互，避免用户交互的需求（这类需求一般深度涉及具体的业务场景，而且变更会非常频繁）影响服务中心功能的共享性和稳定性。
- **支持服务中心的独立运营**。随着各个服务中心承载的业务复杂度的提升和数据的不断沉淀，将来势必需要安排专门的团队对这些服务中心进行持续的运营，通过代码、数据模型的独立以及服务接口的业务解耦，很好地支持组织对各个服务中心进行独立运营，更好地落实"专人做专事"，围绕服务中心进行业务和数据沉淀，培养出"精通业务、懂技术"的复合型人才。

二、业务中台与数据中台相辅相成

当很多企业了解到中台是由业务中台和数据中台组合而成时，都会有一个问题：业务中台和数据中台是否有建设上的先后顺序？还是同时建设？在实际的中台建设过程中，**业务中台与数据中台是相辅相成的，共同构建起企业数据的运营闭环**。

举例来说，业务中台的各服务中心通过独立数据库的方式实现业务数据模型的隔离，使得业务在数据模型层面具备更好的扩展性，而且采用这样的方式，在业务发展和运行过程中，各业务领域数据进行着高效的数据沉淀，例如在商品中心沉淀了整个企业中所有有关商品品牌、品类、属性、标签等最准确的数据，交易中心则记录了企业在所有销售渠道（电商、线下门店、分销商等）所产生的交易订单数据。但在实际的业务场景中，经常需要将各服务中心的数据组合在一起来实现业务的展现或交易的处理，比如在页面上显示一份完整的订单信息，必然需要从商品中心（提供商品详情信息）、交易中心（提供交易相关数据）、用户中心（买家或者卖家相关信息）获取相关数据后组合展现在页面上，针对类似这种需要从多个服务中心获取少量数据并计算处理的场景，在前台应用代码中通过调用各个服务中心提供的服务（如图 3-3 中①表示）获取相关数据，并在前端业务中对这些数据进行组合和计算，就能较好地实现该业务场景的要求。

但还有一类不可避免的业务场景，例如，希望查看过去一段时间内各个地区或者店铺的商品销售情况，生成相应的报表，这就需要将交易中心的订单数据和商品中心的数据进行组合，如果订单的数量达到几十万、几百万级别，也就是传统企业中看到的 OLAP 场景，采用之前所说的通过服务中心的服务调用获取数据再进行组合计算的方式，必然会带来性能问题，合理的方式是将生成报表的相关服务中心以及前台业务应用的数据同步（如图 3-3 中②、②′所示）到统一的数据仓库，再由数据仓库提供的计算和访问接口（如图 3-3 中③所示）满足这一类场景的要求。

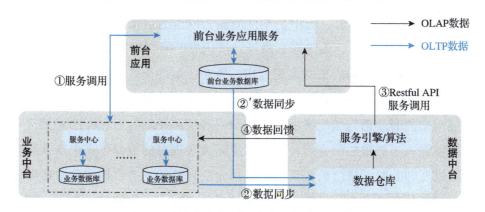

图 3-3　业务中台与数据中台数据交互示意图

如果只是单纯地实现报表统计分析，是体现不出数据中台的核心价值的，业务中台的各服务中心的数据需要进行有效的融合才能解决更多的问题。提到数据，不得不提已经被宣传到炙热的"大数据"。经过这几年的大力宣传，几乎所有人都意识到了大数据的重要性，企业的数据主权意识也越来越强烈，对大数据稍微有所了解的人都对数据带来的科学决策、数据优化业务充满了期待。正是在这种大环境的驱使下，很多政府、企业都纷纷上马所谓的"大数据"项目，购买大量的硬件服务器和大数据软件产品，但是实际效果并不理想。

很多企业通过"大数据"平台只是进行了大量的数据存储，相比之前数据仓库平台具有更快的计算能力（充其量能更快地生成领导想看的报表），这绝不是"大数据"的核心价值，数据如果不发挥出洞察和预测的能力，就不能称之为"大数据"！一定要让数据作用于实际的业务中（如图3-3中④所示），让数据在业务交易和场景中发挥出智能决策、以数据为驱动、优化业务等能力，从而真正为企业创造价值和效益。

从大数据应用建设的角度来讲，首先需要有精通业务并具备采用大数据能力解决问题的意识的专家，在对业务场景进行深入的分析后，梳理出可能与解决该业务场景问题相关联的数据维度。例如服饰行业的商品智能组货和补货，即如何在保持店铺库存合理的情况下，不会出现较高的丢单率（即顾客到了门店后，看中了某件商品，但因为店铺中没有该顾客中意的颜色或合适的尺寸，最终顾客离开，未达成这笔交易），这样就和各个商品的畅销预测、不同店铺的人流分布、所在区域的天气、流行潮流甚至竞争对手的市场策略和销售等数据都有或多或少的关系，而不是简单地通过店铺历史的商品销售情况来进行机器学习和预测；只有对这样的场景进行了足够深入、细致的研究后，才能清楚需要在现有的数据体系中增强哪些数据维度的获取，精度的提升，甚至从企业外部的生态数据中获取所需的数据，来补充自身企业所缺失的数据，以及明确什么样的技术和平台能将数据有效地采集、稳健地存储、高效地计算。

当平台具备了对这些数据的采集、存储、处理能力之后，数据分析师、算法工程师这些大数据领域专业人员才可以施展才能，针对该场景设计出合适的算法（即找到这些数据和业务结果背后的关系），再将这些算法作用于实际的业务场景中。例如上面店铺补货和组货的例子，商品智能组货和补货的算法作用到了整个企业的供应链、库存调拨、生产制造等业务环节，而这些环节实质上正是业务中台覆盖的业务领域，即数据中台产生的数据能力一定要反作用于业务中台的业务场景，让数据驱动和业务优化落到实处。从实际情况来看，这些刚设计出来的算法很难在一开始作用到业务中时就带来很好的结果，而是基于沉淀出的新的业务数据和成果，让算法在业务场景中不断实践，不断调整、优化算法，寻找和补足更多的数据，最终让算法对业务结果有很好的帮助。图 3-4 中给出了合理的建设大数据应用的步骤，供读者参考。

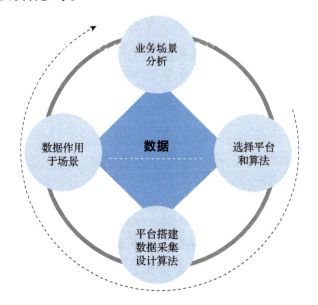

图 3-4　大数据应用的合理建设步骤

数据是道，算法是术。业务中台能在业务场景中进行高质量的业务数据沉淀，从业务场景入手，通过数据中台构建起企业大数据应用建设的方法、模式和体制，让数据中台产生的大数据能力反作用于业务中台，实现企业业务数据闭环，以此持续打造面向行业业务场景的数据和算法，最终实现基于数据驱动、优化业务的同时，也帮助企业真正构建起基于大数据的核心竞争力，而这样的数据能力才是企业将来在互联网时代值得依赖的强有力的竞争壁垒。

所以，如果要给"企业中台"下一个定义，笔者认为是：**将企业的核心能力以服务化形式沉淀到平台，由业务中台和数据中台构建起数据闭环运转的业务运营体系，供企业更高效地进行业务探索和创新，以数字化资产的形态构建企业核心的差异化竞争力。**

三、中台建设的方式与发展路径

当企业认同中台的理念以及中台建设的必要性后，如何进行中台的建设规划？如何针对企业的现状迈出中台建设的第一步？在规划过程中有哪些主要设计原则？这一系列问题都将是计划构建中台架构的企业所面临的问题。下面将结合笔者之前在中台实战中积累的经验以及一些使企业取得不错成效的做法进行阐述，希望能对企业中台的规划者和实践者提供有价值的参考。

1. 中台建设的典型方式

企业中台建设是一个持续的过程，每一个企业需要针对自身IT系统建设现状、业务发展所处阶段、现有人才体系等的不同，因地制宜地做好中台架构建设的总体规划，在不影响业务正常发展的情况下，逐步搭建起企业中台架构，沉淀和打磨出一套适合企业自身的中台运营体系，并在持续运营过程中有节奏地进行组织架构的调整、相关专业人才的培养以及外部专业人才的补强。

假如一家企业的IT建设是白纸一张，或者只有少数几个系统，那么这家企业可以一开始就基于中台的架构和理念逐步开始打造企业的中台，但对于绝大多数企业来说，已经建立了运行时间长短不一的IT系统，这时采用哪种方式能将中台建设的风险和对业务的影响降到最低？如何迈出企业中台建设的第一步？正所谓好的开始是成功的一半，这是企业领导者需要考虑的重要问题。从笔者自身的经历和所观察到的20多家企业中台建设的历程来看，企业进行中台建设的策略大体上可分为三类，笔者称之为"顾旧立新""平滑迁移""不破不立"。

（1）顾旧立新

在一些大型企业和组织中，经过 20 多年的 IT 系统建设，系统的数量少则几十个，多则上千个，而且这些系统还在正常运转。从某种程度上来说，企业中台的建设相比于传统 IT 系统的建设方式存在着较大的差异，而且在技术路线上也不能做到完全统一，如果按照中台的建设理念将原有的这些系统全部推倒重建，不仅要投入大量的成本进行系统改造和迁移，短期内带来的业务价值比较有限，对业务的稳定性也会造成影响。

使用任何技术都是为了创造商业价值，对于这样"运动式"的系统改造和迁移，笔者是很反对的。面对这样的场景，建议采用顾旧立新的方式，即在保持现有系统不改变的情况下，对于企业计划新建的系统采用中台架构建设，如图 3-5 所示。

新建的系统如果需要与原有系统进行交互，可采用 API 网关或传统 ESB 的方式实现，随着不断建设基于中台架构的新系统，中台沉淀的服务中心能力会越来越强，而按照之前描述的项目方式建设的原有系统能力在"运维期"不断令人失望，将这些系统推倒重建只是时间问题。等到这些系统真的需要被推倒重建的时候，相信此时的中台已经有了一些沉淀，正好利用已具备一定能力的中台架构对系统进行快速重构，将该系统向中台架构上迁移。

采用这样的方式，既能最大限度地保护原有 IT 系统的投资，物尽其用地发挥这些系统的价值，也能即时利用先进的中台架构和理念为企业带来价值，在进行这种逐步过渡的同时，也为企业下一阶段的业务快速发展和探索更换了一个新的 IT 发动引擎。从目前已经成功实施中台建设的企业来看，采用"顾旧立新"方式进行中台建设的企业占绝大多数，是一种值得大多数企业借鉴的合理方式。

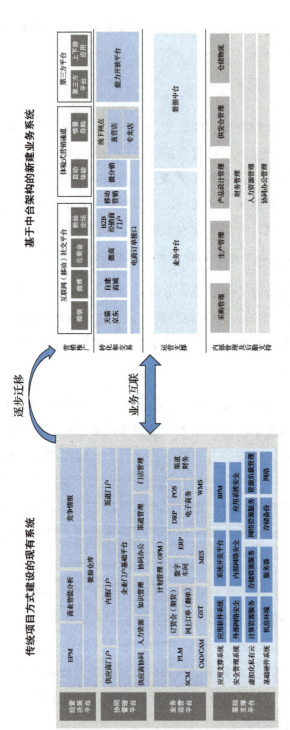

图 3-5 用"顾旧立新"方式进行中台建设

（2）平滑迁移

采用"顾旧立新"的方式实现系统重构时，不可避免地需要让旧系统停止业务需求响应，较长的系统切割期对于那些业务系统庞大、复杂或者对业务持续运营发展要求较高的系统来说就不太适合了。

比较典型的就是淘宝。淘宝平台包含了几百个功能模块，不可能让现有的业务不做新的发展，等着另外一套基于新架构的"新淘宝"平台建设起来，这么复杂的业务，带来一次性切割的风险极大不说，仅平台几个月不进行新业务需求响应这件事就足以让淘宝平台走入万劫不复的深渊。也有类似 P2P 的金融平台，较长的系统切割期会让平台的用户对该 P2P 平台的运营状况产生怀疑，这对此类平台来说都会带来非常负面的影响。

还有一类场景是原有系统中并不需要将所有的功能模块都进行中台架构的改造，只需要将部分功能接入中台体系中。例如，一家服饰品牌企业基于中台架构对原有的 POS（Point of Sale）系统进行改造，一般的 POS 系统中都会包含商品信息、促销信息、会员信息、库存、订单管理以及收银、店铺员工考勤等功能，基于库存统一、商品统一、会员统一、订单统一的业务发展要求，只需要将 POS 系统中关于库存、商品、会员等的业务逻辑迁移到中台架构中，而收银、店铺员工考勤等功能与剥离到中台的业务之间并没有强耦合的业务交互，也没有沉淀到中台的业务诉求，所以对于收银、店铺员工考勤这一类功能就没有进行重构或者改造，在保留现有 IT 投入的同时也实现了系统基于中台架构的改造工作。

如何在保持这些平台或系统正常运行的同时，将一套传统架构逐步改造成为中台的架构？这可以借鉴淘宝平台进行服务化改造的经验和方法，最开始选择了用户相关的功能作为试点，从当时还是单体架构的淘宝平台中剥离出了用户服务中心。主要出发点是用户相关的业务逻辑相对独立和简单，而且服务功能的复用率最高，从 2007 年 10 月开始，经过 2 个多月的应用改造，淘宝的用户服务中心于 2008 年初成功上线。紧接着又相继启动了两个在阿里巴巴内部非常著名的项目："千岛湖"和"五彩石"。"千岛湖"项目是将"交易中心"和"类目中心"从现有平台中进行了剥离和改造，"五彩石"项目是将剩下的"商品中心""店铺中心"等核心业务功能模块进行了全部改造。最终，在保障业务不间断运行和不影响业务发展的同时，在 14 个月的时间内将原来单一应用的架构改造成基于 SOA 理念的分布式服务架构。这就是被阿里巴巴同事称为"给飞行中的飞机换发动机"的淘宝服务化改造历程，如图 3-6 所示。

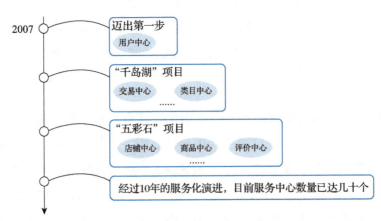

图 3-6 淘宝采用"平滑迁移"方式的历程

淘宝 10 年前所经历的那次架构改造，其中有很多的技术和经验都值得当今企业借鉴，在过去几年中，我们给不少传统企业采用了"平滑迁移"的方式构建起中台架构，这些技术和方法都起到了巨大的作用。

"平滑迁移"的方式能将系统迁移到中台架构的风险降到最低。但这种方式对于企业有一个刚性要求，就是必须有强大的技术团队对该迁移系统具备源码级的改造和把控能力，因为在服务中心不断从旧系统剥离的过程中，与该服务中心相关的逻辑调用和依赖都要切换到中台的服务中心。另外，在业务剥离前，需要将系统中关于该业务的依赖关系梳理得非常清楚，才能在实际的迁移改造过程中减少事故和问题。

（3）不破不立

还有一类企业，经历了过去多年的IT系统建设，大量的系统在运转了多年后，对于企业业务发展的支撑举步维艰，这大大束缚了企业业务转型和创新，本身这些系统就处于被淘汰的边缘，如果采用"顾旧立新"的方式多少会涉及新系统与旧系统间的交互和兼容，会产生新系统设计要兼容旧系统的包袱，且很难达到企业构建中台以及数据统一在线后带来的全局优化的效果。有决心、有魄力的企业领导者敢于针对这些系统进行批量改造和重构，即在中台架构上，遵循中台建设的最佳实践，逐步批量废除原有系统，重新构建新系统，我们称这种方式为"不破不立"方式，如图3-7所示。

"不破不立"的方式本质上与"顾旧立新"一样，均是针对业务系统构建起新的中台架构和体系，后续将原系统不断迁移到中台，只不过"不破不立"方式开始就明确了对哪些旧有系统进行替换和改造，并且几乎是在同一时间段内对这些系统进行重构，而不是像"顾旧立新"那样被动地等待旧系统"退役"。

"不破不立"方式的好处是在对业务进行梳理和对中台服务进行抽象的过程中，因为同时有了来自多个系统的真实业务需求输入，所以相比"顾旧立新"的方式能更加全面地考虑和评估将哪些功能沉淀到中台以及服务接口，确保设计的灵活性。同时，相关业务系统基于中台架构的同期迁移和改造，会减少新系统在设计时与旧系统间的交互和兼容，以"更干净"的设计形态构建起中台架构，而且也能通过中台实现多系统间业务和数据的统一、实时，达到最佳业务效果。比如同时基于中台架构重构POS、供应链、电商平台，就能在一期项目上线后直接实现商品、库存、会员、订单的数据实时、统一、在线，从而大大提升企业库存和供应链优化的效果。

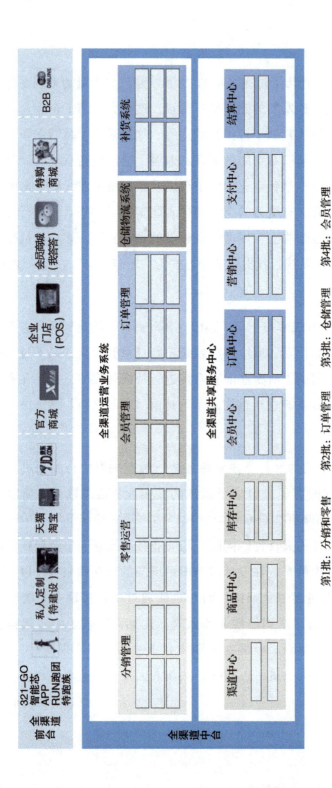

图 3-7 某企业分批替换系统架构图

"不破不立"的方式意味着在中台建设之初，同时启动对多个系统的重构工作，带来的最大影响是项目投入成本比较高昂，而且对于项目范围内的业务需求梳理、项目中的协同协作、项目管控提出了较高的要求，这些都是企业选择"不破不立"的方式时需要重点考虑并考察的。

总的来说，对上面介绍的三种中台建设方法，到底选择哪种，企业需要考虑和评估自身业务发展现状、对业务需求的把控、现有系统运转情况、技术团队能力等各个方面，选择适合企业自身的中台演进之路，迈好中台建设的第一步。

2. 中台建设的典型路径

在中台初期建设中，工作的主要重心是业务中台的建设，当然也会涉及一部分数据中台的建设，当中台随着企业业务的发展运转起来以后，则需要将发展的重心逐步放到数据建设上。从不同行业内多家企业中台建设的历程来看，企业中台建设大体分为几个主要阶段，如图3-8所示。

建设目标：	建设目标：	建设目标：	建设目标：
● 解决局部业务场景问题，比如供应链和营销端，实现业务联动和全局优化	● 中台覆盖集团全业务链，包含商品企划等上游环节 ● 构建数字中台能力，沉淀算法，构建数据优化和驱动业务能力	● 利用全业务链业务场景，利用大数据和算法技术，进行企业内基于数据的核心竞争力打造，如供应链全局优化或营销算法	● 利用内部沉淀数字能力，对上下游企业进行数字赋能 ● 利用生态+数字能力辐射产业其他企业，构建产品互联网平台
举措：	举措：	举措：	举措：
● 组建内部互联网架构师团队，传帮带现有人员转型 ● 建设企业级互联网架构基础互联网架构技术平台+运营平台 ● 建设大营销中台+前端改造	● 复制团队经验，多系统多项目互联网架构升级 ● 打造企业服务和数据运营能力	● 成立数据分析和算法专业团队 ● 数据驱动业务创新，创造更多价值	● 成立独立运营组织，以技术服务形式对外服务生态
中台架构构建初期 （局部业务领域）	**中台体系完善发展期** （全业务链路）	**数据算法驱动业务期** （沉淀数据和算法能力）	**数字赋能构建生态期** （能力对外开放）

图 3-8 中台架构典型发展路径

（1）中台架构构建初期

任何企业在进行中台建设的初期，就算有外部专业团队支持，也会因为与之前系统建设的不同而感到很不适应，这种不适应会反应在不同角色和层级的员工身上。成熟的企业会参考其他企业中台建设和运营方法进行团队的组织和建设，这些人员大多数来自企业现有信息中心部门，也会有业务部门的专业人才参与，以及外部专家和人才的加入，这样一个新的组织在构建一个大多数人没有经历过的复杂系统建设时，都会对未知和不确定性感到彷徨，这种彷徨和前面提及的"不适应"在本质上均是当前岗位的人员还未进入角色的体现，比如业务架构师需要从更加全面的业务视角来思考和设计业务的解耦和实现；开发人员要摒弃之前做单体开发时的随意发挥，而要在更深入理解业务的前提下进行更慎重的实现，学习使用新的开发技术，以确保系统有更好的可扩展能力；甚至有之前是业务部门的需求提出方转岗到产品经理这样的岗位上，存在一定的能力模型缺失，就会带来对工作职能更多的不适应，这类因为人才能力模型缺失造成的员工"不适应"现象在企业 IT 中台建设的初期表现得尤为明显。

所以在中台架构建设初期，不建议企业此时进行组织架构调整，这样会加剧中台建设人员因为组织的改变所产生的"不适应"，同时在业务架构没有成型前，以什么样的方式进行组织架构调配效果更佳是比较难判断的。

为了让企业能比较平滑地渡过这段"不适应"期，不建议企业一开始把系统建设的战线拉得太长，可以选择 1~2 个试点系统，按照中台建设的原则和最佳实践搭建起中台架构，让所有参与中台建设的员工能深切、理性地感受一下中台的优势，让企业的员工在中台建设实践中学习和了解相关的技术，以及自身角色的定位和发展的方向。

在初期阶段，基本以业务中台的建设为主，基于当前建设的系统需求搭建起业务中台核心框架及部分服务中心，初步实现企业部分数据的实时、统一、在线。同时，建设一些简单的数据中台能力，比如提供跨服务中心的数据统计、分析等能力，并将这些统计分析结果作用到业务中台的业务场景中，建立起数据从业务中台到数据中台的同步机制，将数据中台的结果反馈到业务中台的数据闭环。

（2）中台体系完善发展期

当通过前面介绍的方法，先建立1~2个基于中台架构的系统并成功上线后，企业对于中台落地的形态、相关的技术以及各种角色的分工都各自有了清晰和真切的体验，就可以进入中台体系的完善发展期，即针对中台建设初期发现的问题和不足进行体系化的思考和调整，为中台的健康、高效运营构建起更好的发展环境。

在此阶段，企业新的业务系统不断基于中台架构进行建设，在企业的任何业务链环节（如产品设计、生产制造、供应链、销售、售后等）实现数据的实时贯通，业务中台的共享服务中心不断完善和增加；同时，数据中台会逐渐增加基于对场景的算法，并提供不同场景的计算能力，而且在数据中台上处理的数据已经不单单是企业内部产生的数据，而是已经有意识地整合外部生态数据，以补充在使用数据解决业务问题的过程中数据维度的缺失。

随着中台架构的不断发展，企业领导和其他人员对于中台的建设会有自己的体会和认识，在此基础上，就可以适当地进行组织架构调整并可以引进外部人才，让中台不同部门间的业务协同效率更高。同时，为了更高效地进行业务沉淀以及专业人才的培养，需要建立起一套更科学、更适合企业自身的中台运营体系和标准，并辅以相应的平台和工具，将这些标准和运营规范体现在平台上。

随着业务不断接入中台，随之而来的是业务架构变得越来越复杂，而中台也自然成为企业业务正常运转的核心，此时对于技术平台的稳定性、业务管控等方面就提出了更高的要求，在这个阶段就需要针对企业业务的特性构建起更加夯实的技术底盘，为中台的正常运行和可持续发展提供更强大的技术支撑。

（3）数据算法驱动业务期

当整个中台的组织、人才、运营体系运转得比较流畅后，平台上积累的数据以及对业务理解的深度都已经达到了一定程度，此时可以将建设的重心放到数据中台。

对数据中台的建设已经完全脱离了最初对数据完成存储、打通这样的内容，而应将重点放在基于数据的应用层面，就是深度结合典型业务场景，不断完善数据中台上的数据种类、维度，沉淀和优化算法，真正让数据解决业务场景中的问题。如何让企业的不同人员都能充分地利用数据中台的各种数据进行高效的价值挖掘，并对日趋复杂、无处不在的数据进行有效的安全管控和治理？数据中台将围绕数据资产构建起资产评估、权益匹配、安全治理等相关的能力建设，让"数据"这一企业在互联网时代最珍贵的资产在科学、规范的体系下发挥出商业价值，并基于此让企业中对数据有不同诉求的人员以自服务的方式更高效地访问和应用他们所需的数据，让数据驱动体现在企业的每一个业务决策中。

同时，应围绕企业的业务场景，通过业务中台和数据中台所构建的数据采集、汇聚、分析、反馈的闭环，结合大数据领域不断发展的机器学习、人工智能等技术，逐渐打磨和沉淀出给企业带来核心竞争力的数据和算法，真正让企业变成一家围绕数据资产进行高效运营的数据公司。在组织架构和人才方面，应建立起独立的数据服务团队，该团队应具备较强的业务场景认知能力和通过技术优化业务的洞察力，再将数据中台中不同类型的数据进行科学的梳理和治理，并着力通过大数据技术挖掘业务场景中的业务优化空间和价值。该团队集合了企业对于大数据领域具有卓越才能的人才，比如数据科学家、算法工程师等，也有对如何基于数据进行科学运营有着丰富经验的专业人士，通过这些专业人才还能很好地屏蔽掉数据中台与底层技术和算法相关的内容，给数据的使用方提供高效、人性化的数据服务体验。

（4）数字赋能构建生态期

当企业的数字化资产通过业务中台和数据中台进行了有效治理，构建起基于数据的业务驱动体系，自身的数字化建设能力以及专业人才队伍都达到一定水平，这样的企业势必会在行业和专业领域中表现出一流的竞争力，业务发展速度理论上会大大超出行业内平均发展速度，随着企业的持续良性发展，有机会成长为所在行业或领域的领先者。此时，很多这样的企业领导者都有意愿进行产业链上的业务延展，或者供应链的资源整合，从而进行行业级平台能力的构建，这样就给中台提供了一个展现更大威力的舞台。

不管是产业链业务的延展，还是供应链上下游的整合，单单靠企业自身的品牌、资金、产品优势依然不能有效地撬动这种"行业级"的改造，这需要依托企业在数字化沉淀方面的能力，并通过这些能力给上下游、行业内其他企业赋能，给这些企业和组织带来价值，解决问题，才是打造"行业级"或"产业级"平台最有效的方式。

当前，有几家已经处于各自行业中的龙头企业在建设中台后，提升了企业数字化资产治理能力和业务响应效率，相信在不远的将来，这些企业依托其在行业中的资源优势及产业能力的沉淀，通过将中台能力开放，将这样的能力普惠给行业上下游企业或同行业的中小企业，让这些企业也能因为这样的数字赋能进行自己的产业能力提升和转型，从这些龙头企业的角度来说逐步走向产业互联网平台的建设，这也是有些企业在进行了中台建设后下一步的数字化发展和建设目标。

四、中台建设的风险与挑战

不少企业在计划进行中台建设前，都会问到在企业中台建设过程中，主要的风险和挑战都有哪些，毕竟对于一家企业来讲，企业中台建设承载的使命艰巨，而且还不像之前基于 SAP、Oracle 进行 ERP 系统实施那样，国外已经有了不少的成功实施案例，也沉淀了不少值得借鉴的经验和方法，使得企业在实施这一类大型系统建设时能将系统性风险降到最低。而企业中台这一 IT 架构建设方法是不是如外界传闻的那么好？是不是适合某个具体企业？现有的知识是否能满足企业自己中台建设的持续发展？这些都是企业中台建设决策者心中的疑问。

从笔者过去几年进行企业中台建设的实践来看，企业中台建设所面临的风险和挑战应该有两类：一类是在企业中台建设初始阶段，即通过 1～2 个系统构建起企业中台时，在满足中台建设原则的前提下，这 1～2 个系统成功上线，是否很好地满足了业务方对系统建设的需求；另一类是在企业中台后续持续的发展过程中，是否真正发挥了不断沉淀企业业务核心能力的作用，是否在业务发展和探索中提供了高效的平台支撑能力。这对组织架构、人员能力、技术平台都提出了不同的要求，如何让企业中台能走得更快、更远，也是领导者在企业中台建设之初都需要有的一个总体考量。这两类的风险与挑战大体包含了以下几个方面。

1. 企业高层领导者的支持

企业中有不少人认为数字化转型是技术问题，所以一定是首席信息官（CIO）或信息技术总监的事情，这种想法是不明智的。即使是最优秀的 IT 领导，也不能负责公司整体或部门的数字化转型。笔者见过许多很优秀的技术领导者成功引领数字化转型的例子，能成功是因为他们很好地整合了企业内外资源，并积极组织推动，是通过合作完成的，而不是由他们独立完成的。

同时，企业中台的建设和发展需要随着企业业务的发展状况不断调整，在不同阶段都尽可能展现出中台对业务的高效支撑，这势必将对原有业务协作的方式、组织的调整、IT 方面的成本投入等诸多方面产生影响。企高层领导者要在对企业中台有了非常准确的认知后,才能提供坚定和强有力的支持,这一点在企业中台后期发展中尤其重要。如果不具备企业中台建设所需要的环境和土壤,没有持续的投入,没有对阻碍中台发展的人和组织提出变革的要求,没有企业领导者的耐心和决心,企业中台将很难健康地成长。没有能力沉淀的中台将没有任何生命力和战斗力,也无法给企业带来相比之前传统 IT 系统建设不同的业务价值。

2. 明确数字化阶段建设的核心和重点

这可能是最重要的一步,因为数字化转型可以提出十几种不同的建设方案,可能有些方案的建设思路是选择业界当前最流行、强大的技术先搭建平台,再逐步覆盖业务,寻找业务痛点,再针对业务痛点解决这些问题;另一类解决方案则是一开始就能切中当前企业最需要解决的问题,在解决问题的过程中顺带构建起总体的数字化平台,同时也很好地规划了后面各个阶段要解决的核心问题和给企业带来的商业价值。对于所有企业来说,在以上两种方案中是很容易选择后者的。

本书第一章阐述过,数字化转型一定是围绕业务价值进行建设,所以确认转型过程中不同阶段哪些是重点领域,哪些是关键问题,每一个阶段能给企业带来哪些价值至关重要。这就涉及数字化转型战略目标制定得是否清晰,战略重点在于"有所不为"。数字化战略需要和公司战略保持一致,要有恰当的目标,能清晰定义数字化每个阶段的目标是什么,做什么,最后才是怎么做。

3. 组织共识和合理机制

数字化战略往往比传统战略推行时遇到的阻力更大。一方面,组织内部关于数字化是否有用各执一词,很多员工采用传统模式和技术已经取得了业务上的成功,不相信数字化的潜在价值;另一方面,转型过程中一定或多或少涉及业务架构和组织的变化，企业中的既得利益者会面对不确定性，从而对数字化转型持抵触和逃避态度，这就导致大部分企业很难将数字化战略至上而下执行落地。

所以组织需要从战略层面建立数字化转型共识，将数字化转型作为管理层的首要任务，并利用各种活动和资源提高中层管理者和员工的数字化意识。在组织内部建立共识，这一点至关重要。

随着业务的不断发展，中台的业务架构将变得更为复杂，松耦合式的服务形态对于组织间的协同提出了更高的要求，要保持中台价值持续最大化，需要有一套更科学的组织架构和 IT 运营体系，这与企业现有的组织架构以及 IT 运营的方式有不小的差别。

企业应基于业界中台建设的最佳实践，结合企业自身的业务模式、协作模式、人才基础，逐步建立起适合中台服务运营的组织架构和运营机制。这是一个不断探索和调整的过程，而且企业要在不同的业务发展阶段采用不同的组织架构和 IT 运营机制，核心目标就是能保障企业中台对业务发展的高效支撑，同时在中台不断沉淀业务和数据。

4. 专业人才的参与

任何事情的成功都离不开专业人才，特别是对于企业中台这样复杂的工程建设。不管是企业中台的建设初期，在对前台业务需求进行梳理的过程中，还是在企业中台建设后期的不断发展和运营过程中，针对来自前台业务的需求，哪些业务能力需要沉淀到中台？要对此做出判断，需要对于业务的理解具备全面性和前瞻性的专业人才，而企业是否存在或培养出这样的人才，直接决定了中台这些服务中心的能力是否可持续发展。所以在进行企业中台建设规划的时候，企业就要盘点一下，哪些员工或者外部的专业团队能够肩负起这样的职能。征调业务部门中精通业务的精英骨干入驻中台项目组，采用外部专业的业务咨询团队，这些都是在实际中采用得较多的短期补足业务人才短板的方式。在中台发展中不断培养出更多这方面的专业技术人才，从而大大降低企业中台建设初期的技术风险。

最后，不管是业务人才还是技术人才，都需要针对不同的工作内容进行更加专业化的人才划分。根据前面第二章中"要素十"介绍的企业中台所需的人员能力模型，企业要对培养出什么样的人才有清晰的目标，为中台后续的发展做好源源不断的人才储备。

5. 成熟稳定的架构和技术平台

正如前面所描述的，企业中台与传统技术架构建设的单体系统，在架构的复杂度、性能、管控、平台稳定性等各个方面都不可等同视之，所以对于架构和技术平台的选择尤其重要。任何企业都无法承受支撑中台的架构平台出现满足不了业务发展要求的问题，以及因此需要替换另一套平台而给业务运行带来巨大风险。另外，完整支撑起企业中台健康运转的平台一定是由不同的功能组件组合而成的，这些组件是否进行了很好的集成，彼此协同是否稳定高效，这一系列问题都是在技术平台选型中需要面对的。

总体来说，企业在进行中台建设之初就要非常慎重地选择技术平台，这是中台能持久发展的根基。从实践角度来说，重点要看该技术平台是否成功支撑了与企业自身业务体量相当甚至更大体量的企业，只有经受过足够复杂和足够数量的业务打磨和验证的技术平台才值得信赖；要看技术平台提供的能力是否具备中台发展前瞻性，而不是只能满足中台发展初期的功能；技术平台的产品化要足够成熟，否则就需要企业自己的技术团队对这些平台具备足够深度的掌控能力，这对企业技术团队的要求将非常高；技术平台本身是否随着技术和行业发展保持积极的与时俱进，当然如果有厂商能提供平台源码级的技术支持，则会将企业中台建设总体的技术风险降到最低。

五、基于中台架构的新业务建设原则

数字化建设是一个长期持续的过程，在此过程中，中台能力不断沉淀、增强，产品功能越来越多，新的产品也会随着业务的不断发展逐渐增加。要让这些新的产品和功能在不断建设以满足业务发展要求的同时，还能完成中台架构持续沉淀数字资产的使命，给企业带来持续的高效业务支撑，就需要对这些新的产品建设提出一些假设原则和标准规范。

从组织人才角度来说，不是所有传统企业都像互联网或者集团型企业那样能拥有大量的架构设计和开发人员，所以很难将中台的运营模式从互联网公司照搬到企业中，但企业中台作为企业将来最为核心的数据资产的重要性已经不言而喻，所以笔者建议有能力的企业应拥有一个自己的技术团队，核心职能不是像以前那样进行企业各种业务系统的开发建设，而是着重于中台的服务能力运营。如果有些企业的IT部门在短期内没办法建设和拥有自己的开发技术团队，则务必寻找到一个与企业建立可持久、紧密的合作关系的战略级IT服务提供商，企业IT部门的人员一定要行使好各服务中心业务发展方向把关的职能，并对技术的架构有清晰的掌控，IT服务提供商则提供较为纯粹的技术开发工作，这样才能保证中台在有效运营的情况下，在核心业务发展上做到企业自主可控。所以，如果企业中台的核心运营团队是企业自身的技术团队，那么企业与IT服务商间合作出现问题、服务人员流失、数据安全等因素对中台业务的影响将降到最低。

对于前台业务的系统建设，应秉承业务数据的统一、实时、在线以及业务沉淀的原则，新建业务系统应基于中台现有的服务能力进行构建，此时就不要奢望所有的系统都由企业自己的技术团队开发，这不单单是出于人才成本上的合理性考虑，而且确实有些业务系统所涉及的领域非常专业，企业业务部门的同事都未必能将该领域的业务需求梳理得非常清楚，就很难进行自主开发了。从中台架构在传统企业中过去几年的实践来说，确实基于所建业务的专业性、企业对自身业务的理解深度、系统上线时间等原因，不能完全遵循中台建设的原则进行系统建设，从这些实践中，针对企业新建系统类型和建设条件的不同，大致总结出了以下几种建设方式。

1. 自有技术团队 + 软件外包人员联合开发模式

在企业对于业务需求有比较系统化的理解和把控能力的情况下，就完全应该基于中台已有的服务能力和开发规范进行系统的开发建设，使得新建系统能很好地融入企业的中台体系之中。但对于任何企业，在技术开发人员上投入的成本都相对较高，所以笔者不建议企业中所有业务系统都由自己的开发人员去实现，而是在这些系统的建设过程中，让业务和技术架构师、核心开发人员来自企业自身的 IT 技术团队，这样可在业务、技术架构层面对系统建设有总体的把控，之后，具体的业务逻辑可以让软件外包人员实现，很多互联网公司在过往很长一段时间也都是采用这样的方式。

这样就能实现新的业务也基于中台架构，拥有前面章节所阐述的中台架构带来的各种优势和价值，在对系统核心业务有把控的同时，总体人员成本会降低不少，也不会出现系统并行建设或上线系统越来越多，企业所需的开发人员呈现线性增长的情况。

2. 引入专业解决方案提供商，遵循中台架构建设

在企业自身的业务部门和技术团队都对该业务领域没有足够的理解和需求把握的情况下，可以采用招投标的方式，选择出对企业目前新建系统的业务需求更理解、具备该领域专业能力的解决方案提供商，让他们基于企业中台的服务设计、开发、数据库设计等规范进行开发。在此过程中，企业的技术和业务人员应抓住难得的业务学习机会，深入系统的需求梳理、设计、开发、建设阶段，而不能像之前那样只负责项目管理以及资源协调等工作，目的是尽快对该系统的业务领域有一个全面的掌握，并起到对该系统在业务发展方向的把控作用，逐渐构建起在该业务领域的业务深度，

最终达到与第一种方式相同的效果，企业自己的业务运营和技术人员能全局把控该系统的运营和发展方向，行业解决方案商可继续提供该系统的开发运维及功能升级等服务。

采用这样的方式既能在短期内借力（毕竟这些专业的解决方案提供商多年来在专业领域中沉淀了很好的业务知识和最佳实践），也能很好地保持中台架构的建设阵型。随着企业人员对该业务领域的不断学习和沉淀，最终将这块业务完全按照企业中台发展的要求纳入整个中台体系之中。

3. 引入商业套件，实现中台服务能力与套件的业务对接

在上一个方式中，所选择的专业解决方案提供商很可能有自己成熟的产品，相比于完全自定义开发的方式，基于"商业套件+适量"的定制开发能给这些专业解决方案提供商带来更大的利润，减少每个项目的投入周期和成本。而且有些专业系统确实需要多年的沉淀和打磨才能形成，比如产品设计管理系统、非常专业的设计建模工具，整体系统没办法在短期内基于中台架构进行重构。不管解决方案提供商是出于项目利润还是本身系统融入中台架构的改造成本的考虑，都势必会将这部分成本转嫁到企业，使得企业构建系统的成本大幅上升。

从企业 IT 投入产出比的角度来说，对于这样的情况，就只能退而求其次，采用商业套件进行定制的方式，在套件现有的 API 基础上，通过 ESB 或 API 集成网关实现套件与中台现有的服务能力互联。采用这样的方式确实在某种程度上无法实现真正的数据实时、统一、在线，接下来应该借鉴第二种建设方法，企业自己的员工在系统建设和使用中学习专业知识，使该专业能力真正由企业自身掌握，再发挥"学、赶、超"的精神，帮助企业在该业务领域构建起自身独特的竞争优势。

这里想说，企业在学习和掌握了这些专业套件中的业务精华后，不一定要把这些商业套件推倒重建，笔者认为是否要推倒重建主要取决于以下

两点：

- 商业套件与中台架构间采用传统的系统集成方式，因为无法真正做到数据的实时、统一、在线，给企业在关键的业务链环节优化带来重要影响。
- 商业套件所提供的用户体验、业务响应能力无法满足企业高速发展的要求，也无法很好地承担起让企业业务长远发展的重任。

任何系统推倒重建都会给企业带来人力和开发的成本投入，也会给业务支持多少带来一些影响，任何 IT 投入都应给企业解决实际的问题，创造真正的商业价值。如果一个软件套件可以很好地行使职能，没有阻碍企业业务的发展，那就依然保持现有系统的运转状态，直到该系统自身的发展满足不了企业发展的需求，再进行推倒重建，此时企业也具备了对该业务领域足够的了解并能清晰地分析业务需求，具备了将该系统基于中台架构进行建设的条件。

六、中台架构与微服务的关系

中台建设本质上是基于一种新的业务架构建设方法进行企业 IT 系统的建设，当业务架构发生变化时，必然会对底层支撑的技术架构产生影响，与传统企业 IT 架构中的技术相比有一定的变化。下面介绍中台建设过程中当面对一系列问题时所需要的主要技术以及解决问题的思路，本书不对技术细节进行探讨，所以不会涉及具体的平台、工具和开发内容，只是供企业 IT 管理者、架构师在对中台进行建设和规划时有一个更全面的思考。

业务中台最终是由围绕不同业务领域进行独立运营的服务中心构建而成的，各个服务中心之间、服务中心与前台应用之间均采用服务的方式进行交互，在技术层面上必然需要一套高效的服务框架来支撑。

从近十几年的 IT 技术发展历程来看，面向服务的架构（SOA）设计被证明是支撑企业业务快速响应和发展的科学架构。只不过在 2000 年初提出的 SOA 架构在企业大部分使用场景中解决了不同异构系统之间交互的问题，而很少有企业基于服务化的架构真正地构建业务系统，所以很长一段时间内提及 SOA 就是以 ESB（企业服务中心）为代表的架构。

2005 年以后，随着以阿里巴巴为代表的互联网公司的高速发展，完全采用服务化架构进行业务系统建设，是这些互联网公司为满足业务快速应变、持续稳定迭代而不得不选择的一条建设路径，此时的服务化交互场景与传统企业内部通过服务化实现不同系统交互的场景发生了本质的变化。在互联网场景中，服务交互的频率是传统企业内部服务交互量的十几倍。以 2017 年天猫"双 11"的数据来看，高峰时期的订单创建速度是每秒 32.5 万个，按目前订单创建平均调用近 200 次服务来算，意味着高峰时期达到每秒实现 6500 万次的服务调用。虽然"双 11"这样体量的活动场景并不是所有企业都能遇到的，但随着移动互联网的发展，传统企业和组织面向互联网的场景和业务越来越多，带来的影响是业务访问的高并发量，这样的服务交互体量与企业内部系统间的服务交互体量已经很难相提并论。

这样体量的服务调用量和频次是 ESB 这类"中心化"服务框架无法支撑的。在这样的场景变化中，就自然有了一种去中心化的服务框架，也就是大家今天所说的微服务架构，即服务与服务之间的交互并不需要通过一个中间的服务进行服务调度和路由，而是服务与服务之间进行点对点的互联，但框架又能保证服务发现、注册、负载均衡、限流降级等一系列 SOA 框架所需要的能力。

从中台建设对于服务框架的要求来看，业务架构和服务交互的模式都与互联网的架构更加相似，而在业界能有效支撑起这类服务交互场景的平台在近十年来层出不穷。2009 年阿里巴巴集团研发的开源 RPC 框架 Dubbo（阿里巴巴内部版本为 HSF，High Speed Framewok）一度成为国内人气最高、使用最广泛的 RPC 服务框架。Spring 社区中的 Spring Cloud 是微服务领域中的后起之秀，借助全球开源技术爱好者以及一些科技公司对于开源社区的贡献，围绕微服务架构相关的管控、稳定性等能力相比几年前有了很大的提升，加上 Spring 良好的技术生态，一举成为今天业界非常流行的微服务框架。

中台建设是将企业业务进行全面梳理后，将共享业务能力抽象、沉淀到中台，改变过往针对一个一个业务场景需求以"烟囱式"的方式建设系统，同时，通过构建起统一的技术标准和规范，让业务的交互以及集成更加高效。所以对于支撑中台的微服务架构，建议选择单一主流编程语言，这样在很大程度上也能降低企业的总体运维和人员学习成本。从这个角度来说，Dubbo 和 Spring Cloud 都是值得信赖的选择，两者都有微服务运行和管控完善的功能组件，也都经受过不少成功大型案例的验证。

Dubbo 和 Spring Cloud 都是开源平台，不可避免地都有大多数开源产品的弱点——强调核心功能的实现和稳健，但对于运维管控这部分就显得比较粗糙。粗看大致的系统运维、管控甚至高可用的能力都有，在业务场景不太复杂，体量不大的企业环境中，使用这些开源平台支撑一些系统问题不大，然而一旦业务体系变得复杂，所支撑的业务需要更高的管控和高可用保障，单纯开源平台所提供的能力就捉襟见肘了，这就需要一个非常专业的技术团队能基于开源工具进行功能的扩展和增强。所以企业应该针对这一问题，考虑目前业务发展的现状和长远发展规划，以及现有技术团队的实力或从外界获取到的专业服务，选择适合企业业务持续发展的框架。

从 2017 年开始，微服务领域又出现了另一个人气高涨的微服务框架——Service Mesh。从某种意义上来说，Service Mesh 不是一个新的技术，而是介入微服务和网络之间的一个透明的基础设施层，为应用程序的通信路径提供了单一点，以便插入服务，收集遥测数据，来统一接管一些微服务治理的功能。相比之前的微服务框架会带来运维、管控、高可用性的问题，Service Mesh 是更好的解决方案，可以对问题进行收敛和统一，这样对于跨语言的支持以及将现有应用程序融入微服务架构中提供了更完善、便捷的技术手段。目前 Service Mesh 在一些国外互联网公司局部范围内投入了生产环境中使用，但仍需一段时间的验证和打磨，建议企业技术人员关注该技术的发展，相信这个技术会很快在微服务领域流行。

不管是当前主流的 Dubbo 和 Spring Cloud 微服务框架，还是将来的如 Service Mesh 等新一代框架，对于业务的解耦、服务化拆分和设计都不会有本质的影响，而中台建设中更强调的是业务服务化的层面，所以企业不用太过担心当前基于 Dubbo 或 Spring Cloud 的中台服务体系是否会因为新的架构出现而需要重建。

这里延展说明有关中台与微服务关系的问题，是因为笔者在与很多企业的信息中心领导和技术人员进行交流时，发现有不少人把中台建设定性为微服务架构的建设。笔者认为这种理解比较片面，如果将企业中台的建设仅仅与微服务画上等号，那么笔者对这家企业将来的中台发展极其担忧。为什么呢？因为总体来说，微服务架构是一个单纯从技术视角来看更符合现在互联网时代业务发展要求的服务化框架，但企业中台建设是一个系统性的建设工程，整个业务架构会因为业务的重新梳理而发生变化，从而使业务系统建设的方式也发生根本的改变，原有企业中业务部门与 IT 部门之间的协同协作模式也随之改变，相应地就带来组织架构和人才体系的调整和提升，目的是更加高效地发挥出中台的运转效率。而且从过往的案例以及项目建设经验来看，笔者认为组织、人才、运营体系等方面对于企业中台是否能走远，能否真正实现企业的战略目标至关重要，绝不仅仅是微服务这一技术框架所能涵盖的。

准确地说，微服务是支撑起企业中台服务交互和管控的核心框架，是企业中台的核心技术，而企业中台不仅仅需要技术平台的有效支撑，同时也会涉及组织架构、人才、运营等一系列非技术的调整和优化。建议企业的 IT 领导者在考虑建立中台时，一定要站在更高的业务视角，不要停留在单纯的技术层面，将中台与微服务的建设画上等号。缺乏足够的业务格局和视野，势必会将中台的建设与发展引入死胡同，那样不仅会给企业的 IT 建设带来大量的成本浪费，更重要的是贻误了通过 IT 手段打造企业核心竞争力的战机。

小结

任何平台的建设都需要有一个总体的建设思路为指导原则，也要对平台实际建设和发展过程中可能遇到的问题有一个思考，而且每一家企业所处的环境、具备的条件等都会有所差异，不能针对企业自身各方面的因素因地制宜地考虑平台发展策略，这些都很容易导致平台不能持续发展甚至平台建设失败，中台的建设也不例外。本章从过往实践中梳理总结出中台建设的发展方向、启动中台建设的几种典型模式以及基于中台架构建设新的系统的几种可行模式，目的是给处于中台规划和走向中台建设之路的企业带来一些借鉴和参考。

第四章

中台服务设计及平台化运营体系

本章将在中台架构建设思路的基础上更进一步,介绍中台如何落地,将详细说明中台架构中最为核心的部分:服务中心的设计方法,即如何从业务的需求转变为中台的数字能力?一家企业到底应该有哪些服务中心?每个服务中心具备哪些服务能力?这些服务能力的设计包含哪些重要元素?这些方法是笔者和团队同事经过几年的中台建设实战后整理而成的,相信会对很多进行中台建设的企业带来有价值的参考。

另外,从前面的几个章节中,大家能体会和意识到中台的建设绝不只是技术层面的问题,其本质是管理,管理一定会涉及组织协同,要让企业基于中台架构实现高效、可持续发展,就一定需要一套科学的运营体系保障,如何搭建这样的运营体系?在本章中也会介绍我们在实践中探索构建的运营体系,让企业能理解中台发展过程中必然会遇到的各种组织协同问题,希望这些实践经验能让企业在解决这类问题时少走一些弯路。

一、中台服务设计

中台架构建设的核心是进行中台业务模型设计。常见的复用有:代码复用（SDK、共享库、组件等）和服务复用（微服务、SOA等），今天我们说的中台服务是基于中台共享业务模型提供的复用。所以如何抽象中台业务模型、如何设计共享服务，这些都是企业在进行中台建设过程中必然提出的问题。下面笔者结合给企业进行中台规划和设计过程中总结的设计方法和服务设计原则，系统地介绍如何科学地进行企业中台服务设计。

1. 中台服务中心建设的基本准则

中台一般由不同业务领域的服务中心组成，例如用户中心、商品中心、交易中心等。为什么会有这些中心？这些中心的本质就是共享业务模型。事实上，不同的企业因为行业、业务模式不同，中台的服务中心所覆盖的业务领域也不尽相同，那么，如何判断哪些业务能以服务中心的方式沉淀到业务中台呢？核心方法就是抽象出具备企业级共享价值的业务模型。

通过过去项目的实践，笔者对于什么样的业务能力有可能成为业务中台的独立服务中心，形成了如下基本判断标准。

（1）功能和数据具备共享价值

在任何一个架构中，越在架构底层的功能越是公共和共享的功能，如果这些功能与上层的业务没有太多的耦合性，具备共享价值，那么，这样的功能有可能成为一个独立的服务中心。如果某个业务能力没有展现出对前端多个业务系统提供公共和复用的价值，或在业务链环节间也没有起到重要的枢纽作用，就暂时不适合沉淀到中台，可以让其在前端业务中独立发展，等到该业务能力凸显出共享价值时，再沉淀到中台也不迟。这就是为什么我们经常会看到用户中心、商品中心、交易中心、库存中心等服务中心首先成为中台的服务中心，因为这些业务能力会在企业前端不同的业务系统（CRM、电商、POS等）中提供公共和共享的业务能力，同时这些业务能力中的数据沉淀到中台后，能更好地实现企业业务链中不同系统间的业务实时交互。

（2）有价值的业务数据不断汇入和沉淀

在业务不断发展的过程中，中台服务中心是否能不断沉淀该领域有价值的业务数据，为将来大数据的应用提供重要支持，这点非常重要。企业将来运营的主体是数据，中台的各服务中心最大的业务价值最终也是通过数据呈现的。如果一个服务中心没有核心的业务数据汇入，就失去了值得持续运营的价值。这也是为什么有些功能，如消息中心（统一负责前端业务系统中有关消息发送，如邮件、短信、App 消息、微信等类型消息的发送）、系统集成中心（统一负责不同系统间的业务或数据层交互），从功能角度看确实具备共享价值且肩负业务交互枢纽作用，但因为不能持续地汇入有价值的业务数据，在很多情况下不会将这类中心作为一个独立运营的服务中心。

（3）功能有不断完善和丰富的需求

中台架构的主要职能之一是，让企业核心的业务能力随着业务的不断发展而不断沉淀。所以从功能角度来看，如果一个服务功能比较单一、逻辑简单，甚至很长一段时间都不需要进行持续的功能加强，那也没有必要让该服务作为一个独立的服务中心，可将这类服务合并到与之有较强相关性的服务中心进行统一运营。比较典型的这类服务是流程中心，一般用来进行系统中工作流相关的流程和数据管控。目前流程引擎已经是非常成熟的技术，对于各种流程场景都有非常好的支持，一旦构建好，基本就能很好地满足企业中各种对于工作流的技术需求，而缺少了不断完善和发展的空间，因而一般也不会把流程中心作为独立运营的服务中心。

（4）功能边界清晰，具有独立运营价值

不管是从有价值业务数据的汇入，还是从功能层面有不断完善和发展的空间来看，服务中心的核心目标是当前或者将来能成为值得企业投入独立团队进行运营的单元。如果缺乏有价值业务数据的汇入，团队则

失去了运营最重要的主体；如果功能太过单一，则完全没有环境让人基于该服务中心学习，成长为对某一业务领域有足够业务深度的专业人才。为了让不同的团队针对服务中心进行不断的运营，每一个服务中心的业务领域边界要足够清晰，边界不清晰会导致业务协同成本剧增，甚至会出现内耗。

以上梳理出的几个原则也不尽适合所有的企业，不同业务模式和行业的企业对业务能力沉淀的原则和判断条件也会不同，比如对于一家专门给企业或组织提供专业通信服务的企业，上面提及的消息中心就是其核心服务，而且围绕消息的发送会衍生出黑/白名单、消息模板、发送规则等一系列复杂的功能运营，那么消息中心就是这家企业中台的一个重要服务中心。

总结一下，业务中台的服务中心是随着企业业务的不断发展而逐步沉淀下来的，是一个从少到多，从小到大，从简单到复杂的过程，核心是围绕着业务和数据以一个更科学的阵型进行持续的服务运营。

2. 中台设计流程及方法

在过去几年中台项目的实践中，我们团队积累了一套成熟的中台服务中心建设思路，该思路包含了从业务调研到中台设计开发的标准流程和方法论，值得企业在进行中台建设时参考。

我们把业务中台的落地方法总结为一个流程图，如图4-1所示。从业务的调研与规划开始，到产出中台设计，大致步骤包括：

1）调研与规划。

2）需求分析。

3）中台设计。

4）开发实现。

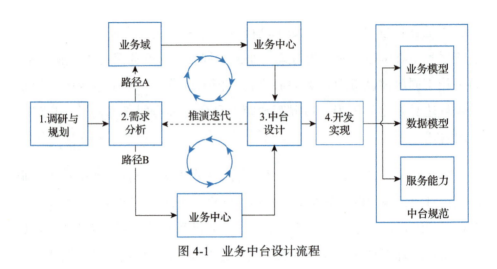

图 4-1 业务中台设计流程

（1）调研与规划

业务的调研与规划目标是，从发展角度去看企业当下的业务运营情况和未来的业务规划。这一步非常重要，业务规划的长远度决定了业务中台的高度。所以这里要求业务方综合考虑企业自身的特性、新技术应用、新业务发展趋势等方面。这里列举一个零售行业某企业的例子，如图 4-2 所示。

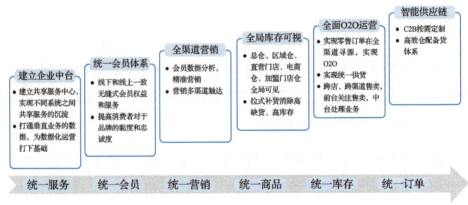

图 4-2 零售行业某企业的中台规划示例

从这个业务规划中，能明确看到企业中台建设的总体规划，在不同阶段对于会员、库存、营销以及供应链方面的业务诉求。有了规划，接下来的中台分析设计就更加有的放矢，不会出现目标混淆和不可持续发展的问题。

（2）需求分析

业务规划之后就是需求分析，单纯从中台设计的角度来说，需求分析更关注粗粒度核心业务流程，并不关心业务层面具体的用户交互和功能细节需求。一般业务系统和中台架构设计的需求调研都是同步进行的，所以这里也不用分得太清晰。

需求分析的目标是，从业务规划的各种业务场景出发，梳理核心业务流程。业务流程的粒度需要包含这几类：业务角色、业务实体、业务规则、已经存在的业务系统的接口、外部系统或者平台的服务和接口。这个过程是边梳理业务流程边识别业务实体，两者相辅相成。

（3）中台设计

从需求分析到中台设计有两条路径，如前面图 4-1 所示。路径 A 是从业务域分析开始的完整过程，经过流程分析、时序图分析和聚合分析，最后得出中台设计方案；路径 B 针对业务比较明确和相对简单的场景，或者行业已经有类似的业务沉淀（行业模型库），可以基于这些模型库进行迭代，直接基于已有的方案开始迭代推演。下面我们演示路径 A 的方法和过程。

这时就会遇到企业客户经常提出的问题——我们的公司到底需要几个中心？这些中心怎么出来的？这些中心是什么样子？

中台设计一般分两个阶段：业务中心分析和业务中心设计。业务中心分析是从业务流程纷繁复杂的业务场景出发分解出目标业务中心，业务中心设计需要完成中心的概要设计和详细设计。

阶段 1：业务中心分析

这一步需要架构师具有深度的行业业务理解能力和软件分析设计能力，中台既是前台业务的基石，也是衔接前后台业务的中枢，所以中台设计一定要从企业核心业务场景和流程出发。

第一步，识别整个体系中最核心的业务流程，如图 4-3 所示。从这些流程出发，分析流程中参与进来的关键业务和数据实体，一一列举。从核心到边缘，从前台到后台、从后台到前台，正向流程、逆向流程，正常流程、异常流程，完整分析之后，你会得到一个企业业务实体的全景图，这个图包括用户、会员、企业组织架构、商品、交易（批发、零售），等等。

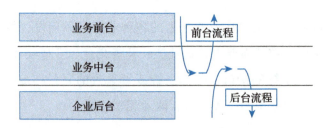

图 4-3　中台与前台、后台系统流程梳理

这个过程做得越细越好。在这个过程中，不要给自己设定用户中心、商品中心的概念，这时候你的眼里应该没有中心和业务系统的边界，只关注流程和实体本身。流程梳理完全是从具体业务场景出发，忠实于用户期望的业务需求，不要被现在实际的流程和系统所束缚。

图 4-4 展示了 O2O 场景下一个线上下单、线下物流送货的处理流程中，把所有跨系统流程全部梳理后得到的流程全景图。

第二步，把第一步分析的业务流程全景图聚合分析，从不同业务领域来归纳分析产生的业务和数据实体。这时你会发现，整个大图中最关键的那些业务实体与绝大多数的流程都有关系，而且和绝大多数的业务场景都有交互。通常，这时你所要找的适合纳入中台的业务领域就呼之欲出了，比如会员域、商品域、交易域、库存域，等等。这时就可以初步确定中台的基本轮廓。

图 4-5 是从上面梳理的业务流程全景图出发，分析流程中的主要业务对象，归类整理形成核心业务域，这些业务域将成为下一步服务中心设计的基础。

第四章 中台服务设计及平台化运营体系

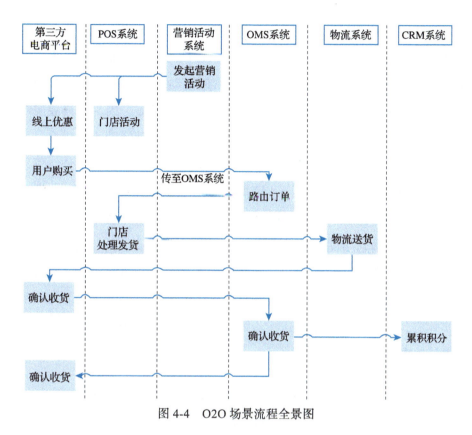

图 4-4 O2O 场景流程全景图

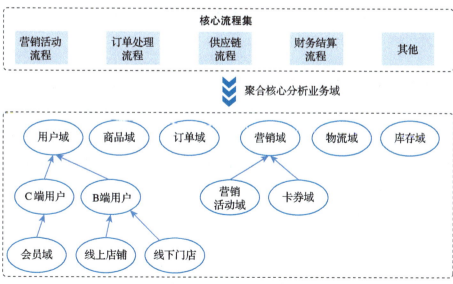

图 4-5 从业务流程中梳理出核心业务域

第三步，对这些初步确定的业务域进行进一步分析，分析业务域相互之间的依赖关系、复杂度、实体之间的亲密度等。不同业务场景得到的结果可能大不一样，例如，有的企业积分营销活动还不是很规范，也不成熟，在第一、二步的分析中可能会把积分账户放在会员域，因为用户注册时会赠送初始积分，这是很自然的事情。而有的企业营销活动非常成熟，会员消费行为会导致积分账户变化，同时积分营销活动又会消费积分，所以会把积分账户放在交易域。这一步需要基于一些服务化设计原则（参见后面的"服务化设计原则"部分）把这种初筛后的业务域的边界清晰化，有些需要把某些实体从 A 业务域放进 B 业务域；有时需要去伪存真，把一些噪音型的对象剔除，让它们回归本来的前台或者后台；还有一些需要火眼金睛，把本该进入但是却由于业务场景覆盖度不够暂时没有进入业务域的业务实体有预判性地拉进来。这一步需要架构师有丰富的分布式架构、服务化设计、中台设计的经验。

基于上一步的产出再用时序图的形式分析应用与业务域之间的关系，如图 4-6 所示，如果做得细致一点，这个过程可以进一步细化出调用过程之中参与的业务实体。注意，这里的时序图是基于业务域得出的，不是旧有系统依赖关系的时序图。

分析业务规划中的业务场景和用例会产出完整的基于中台业务域架构的调用关系，再把这些时序图按业务域进行分类归集。时序图中和业务域的每一次交互算一次"触点"，按业务域把所有触点进行聚合，如图 4-7 所示，通过触点数我们可以直观地看出来这些"业务域"的活跃度以及与业务场景的依赖程度。这时可以结合上节介绍的判断标准、团队的资源以及业务规划，定义出第一批可以升级到"中心"的业务域。

通过业务域与实体对象之间的依赖关系、业务域复杂度、业务实体之间的亲密度对业务域做进一步的聚类，这样就可以将每一个业务实体归类到合适的业务域。

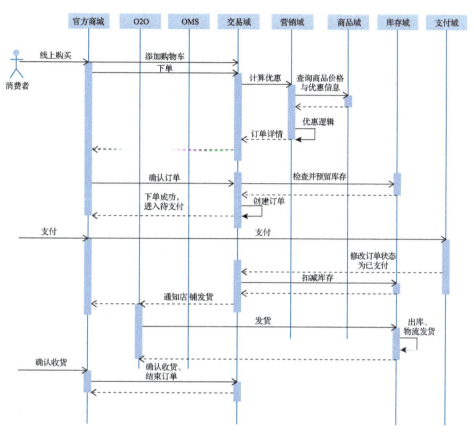

图 4-6　应用与各业务域的时序图

通过这三个步骤，基本可以确定在当前规划的业务场景下，我们的中台到底应该有几个中心，分别是哪些中心。

从业务调研得出中台服务中心的设计，这一步现在很多企业做得非常随意，一般都参考一些互联网公司的实际经验或者基于自己对中台的理解，看到相关的流程就照搬过来，结果很可能会"水土不服"。在这里，我们推荐的方法是从企业的实际情况和具体需求出发，进行科学分析，从客观分析中总结得来。

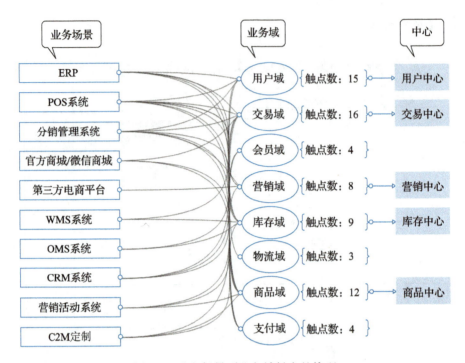

图 4-7　业务场景到业务域触点的梳理

阶段 2：业务中心设计

阶段 1 分析出了有几个中心以及中心边界，这一阶段要完成中心的详细设计工作。在这个阶段中，不是简单地根据业务需求划分模块后把这些模块落到中台层就是中台了，这样设计出来的中台只是具体的业务模块下沉，缺乏抽象建模的过程，让中台的能力和扩展能力都非常有限，这不能成为称职的中台。业务中台一定要经历从具体到抽象的建模过程，中台设计的核心是对业务抽象建模。

服务中心是业务中台最核心的架构元素，看起来和原来的应用系统的模块名称差不多，但是在本质上提升了维度。中心是拉通所有前后端系统的相关功能模块，进行统一抽象设计，用一个统一的模型去支持前后台不同业务场景的需求，如图 4-8 所示。

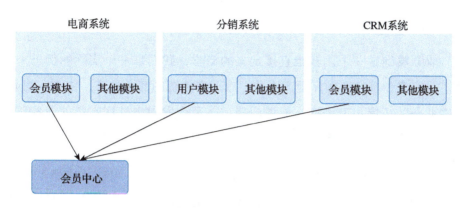

图 4-8　服务中心相对前端应用的设计抽象示意图

我们从三个维度来描述一个完整的业务中心设计：业务模型、数据模型、服务能力，一个服务中心通过业务模型描述业务承载逻辑，通过数据模型描述数据的底层规范，通过服务能力描述服务接口契约。通过这三个维度明确一个服务中心的设计，每个服务中心设计说明书要产出这三个核心概念。图 4-9 是一个会员中心的设计示例。

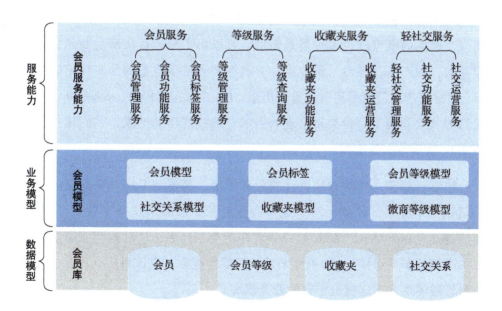

图 4-9　服务中心设计的三个维度

维度一：业务模型

业务模型是一个比较难直接定义的概念，我们拿一个实际的例子来说明。一家多业态经营的房地产企业，旗下有传统的商业地产、住宅、物业，随着业务的拓展也有酒店、旅游门票，甚至会发展出社区零售的业务。如果这家企业选择中台架构，那么商品中心应该是什么样子？

从任何一个单一维度去看这家企业对商品的需求，可能差异都非常大，商业地产类的商品是租售的铺位，住宅类的商品是商品房，物业是服务类商品，酒店和旅游门票是类似于电子凭证类的虚拟商品，社区零售是通常意义上的百货商品。我们对这些商品模型进行每种业务场景的建模，都会面对这些模型的业务术语、模型结构，它们完全不一样。地产商品属性特别多，商品描述复杂但是模型结构单一，需要支持复杂组合查询；社区零售类商品种类会比较多，变化比较快，用户并发量较高，商品描述结构都比较简单；酒店和旅游门票类商品要求分类特别清晰，简单易管理。如果基于"烟囱式"架构来设计，针对这几种商品都可以推导出相应的模型。如果用中台架构，就需要对这几种业态的商品模型需求进行再一次抽象，用一个通用的模型支持多种场景需求。可以用主子类目来满足商品分类管理需求；用产品、属性、属性值、子属性来满足多业态商品多样化描述需求；用标签来支持商品离散化管理需求；用前后台类目分离来满足基于前台类目的营销和基于后台类目管理的需求。通过这样的抽象，我们建立了如图 4-10 所示的业务模型。

注意，基于这样的方法设计的业务模型，需要与上层业务对接的业务术语做一个统一。比如，对于地产类业务，如果原来是基于项目、分期、楼栋建立的树形结构，就要对应到现在的类目体系上（对地产业态建立业务约束规范实现对接）；如果原来是社区零售业务，应该对应到现在的商品类目管理体系下，这就是中台的业务模型。

商品偏于主数据模型结构，但是不要因此就误以为服务中心的模型都是主数据模型，交易时要统一交易流程，营销时要统一规则；针对不同的业务领域，有不同的建模诉求；基于业务但一定要高于业务。如果做不到模型层面的抽象统一，那就只是具体业务形态的模块下沉，中台的价值难以发挥。

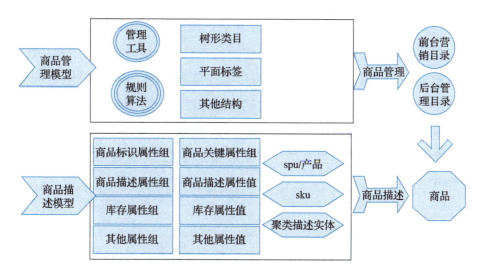

图 4-10　商品业务模型抽象流程

维度二：数据模型

数据模型是服务中心底层的数据层实现，包括 OLTP 和 OLAP 两种场景。根据业务的需求，可能需要结合分布式数据库技术。

与交易相关的业务场景中，最常见的数据模型方案是定义实体关系模型，如果对扩展性有要求，则可结合分布式数据库技术形成方案。数据模型的第一个职责是明确数据的业务规范，为业务数据化和数据中台建设做好基础准备工作。

维度三：服务能力

服务能力是中台业务能力对外的服务契约，外部系统通过接入中台的服务来使用中台。服务列表包括两部分：第一部分是针对中心的外部用户部分，这部分要明确服务的接口契约，包括使用的通信协议、安全鉴权方案、服务的请求报文和响应报文、服务的具体业务含义以及调用的上下文、异常情况等；第二部分是服务的开发实现，这部分内容需要设计者画出服务的业务流程、业务边界、异常处理等。

模型推演验证。上面已经完成了中台的设计，在进入具体的开发之前，为了保证设计的中台模型能满足真实的业务场景，最好将中台的服务放入具体的业务流程中进行验证，也可以基于服务的 mock 实现来进行验证。这个过程可能比较烦琐，但是通过这个验证过程，可以发现中台的业务模型抽象是否正确，使用是否方便，服务是否完整，发现设计中模型的问题，再快速迭代修改。如果所有的业务场景都能通过这样的验证，那么中台的设计方案是可行的。

（4）开发实现

开发实现基于服务接口规范、数据模型和业务流程进行，当数据模型和服务能力都具备后，开发者就能进行详细设计和开发了。这里并没有特殊之处，但需要开发人员掌握分布式、服务化相关的一些开发原则和技术，特别是在分布式体系下，引入了一些在传统一体化架构体系下不太关注的技术原则，比如分布式事务、异步、幂等问题。相关技术可参考《企业IT架构转型之道》一书。

3. 服务化设计原则

在设计服务中心的过程中，对服务中心内服务接口和数据模型的设计非常重要，良好的设计原则和方法可以最大化地保障服务中心的可扩展性。强烈建议读者学习著名建模专家 Eric Evans 最具影响力的著作 *Domain-Driven Design-Tackling Complexity in the Heart of Software*（《领域驱动设计：软件核心复杂性应对之道》）以及 Thomas Erl 的著作 *SOA principles of Service Design*（《SOA 服务设计原则》），在实际的服务中心设计过程中，大多数情况下都可参考这两本书中的原则和方法。本书的目的是从全局的视野介绍如何更好地进行数字化企业的建设，所以不会深入探讨这个技术。

接下来在介绍服务化设计原则时，会多次出现 Façade 和 DTO（Data Transfer Object）等名词，这是在服务解耦时最频繁采用的技术方法和模式。首先对这两个名词做一个简单的说明。

1) Façade（外观）模式。

外观模式的使用原理如图 4-11 所示。

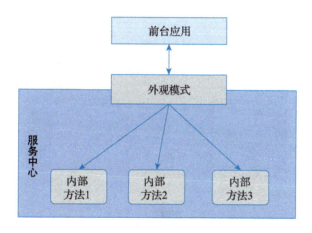

图 4-11　外观模式在中台的典型使用

外观模式的优点如下：

- **松散耦合**：外观模式使得前台应用与中台服务中心可以进行松散耦合，让服务中心内部的模块能更容易地扩展和维护。
- **简单易用**：外观模式让服务中心的服务更加易用，前台应用不再需要了解服务中心内部的实现，也不需要跟服务中心内部众多的功能模块进行交互，只需跟外观类交互就可以了。
- **更好地划分访问层次**：通过合理使用外观模式，可以更好地划分访问的层次，有些方法是对系统外的，有些方法是系统内部使用的。

把需要暴露给外部的功能集中到外观中，这样既方便客户端使用，也很好地隐藏了内部的细节。

2）DTO 的使用。

DTO 可以将服务中心复杂或易变的数据对象对前台应用屏蔽，让前台具备更好的稳定性。DTO 是系统分层设计和服务化架构中经常使用的技术，概念本身也容易理解，如图 4-12 所示。

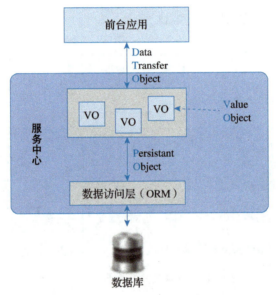

图 4-12　DTO 在系统架构中的使用

业务中台架构的核心是各个业务领域的设计建模以及服务接口的设计，笔者结合业界优秀的设计原则以及自己的实践，将服务接口典型的设计原则整理如下，供各位读者参考。

(1) 契约先行

服务间的交互类似于不同组织之间的合作，按照正常逻辑，两个组织之间合作的首要任务就是先签订明确的契约，详细规定双方合作的内容、合作的形式，等等，这样才能对双方形成强有力的约束和保障，同时工作也能够并行不悖，不用相互等待。因此服务化架构中最佳的实践方式也是服务契约先行，即先做服务契约的设计。在进行服务接口设计时需要有业务、产品和技术等不同方面的人员共同参与，并定义出相应的契约，然后再实现具体的代码。

在实际的中台架构设计阶段，当在企业不同的业务部门收集到业务需求，形成产品需求调研文档后，需要从全局的视角对服务中心的服务接口进行统筹设计，即不是按照单一应用场景，如仅从电商或仅从 CRM 系统的角度，进行服务接口设计。虽然这些前台系统都是按照步骤逐步建设起来的，但服务中心的接口设计首先需要在全局的业务视角下进行规划和设计，有了清晰的接口设计，前台和服务中心就有了清晰而相对稳定的交互边界，就能大大降低后期实现和运营期的协作成本，总体效率更高。

由于服务的用户范围很广，在服务契约公开发布之后就要保证良好的稳定性，不能随便重构，即使升级也要考虑尽可能地向下兼容性。

（2）服务功能内聚

服务功能内聚几乎是任何服务化设计中最基本的要求。要创建功能内聚的服务接口，应该使功能相关的一组操作聚合到一起，同时必须将可能影响到业务正确性的逻辑在对应的服务中提供，而不能依赖服务调用方遵循正确逻辑。比如，用户注册的服务，其中包含了对于用户邮箱格式、用户名称以及密码强度的校验逻辑，虽然这些逻辑在前台应用的 Web 页面或者 App 中都进行了相关的校验，但前台应用最终调用用户中心的用户注册服务时，依然要在该服务中实现对这些用户属性的校验工作，而不能寄希望于前台应用做这些校验工作，这样才能避免因为前台应用遗漏校验而导致不合规则的用户能成功进行注册。一个典型的服务功能内聚的例子如图 4-13 所示。

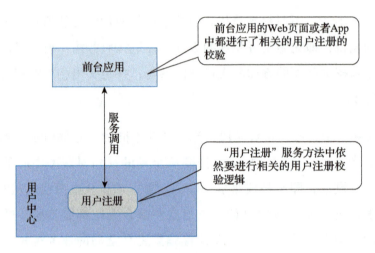

图 4-13　服务功能内聚示例

（3）服务粗粒度

服务的使用者对特定业务流程的了解一般比不上服务中心内部的人，所以服务的接口设计通常需要粗粒度，一个操作有可能对应一个完整的业务用例或者业务流程，这样既能减少远程调用次数，又能降低学习成本和耦合度。

例如，文档服务要给前台应用提供批量删除文章的支持，已有接口中提供 deleteArticle(long id) 方法，可以供用户自己做循环调用来实现批量删除文章的目的。此时，服务中心最好提供 deleteArticles(Set<Long> ids) 方法供前台应用调用，将 N 次远程调用减少为一次。

再例如，用户下订单的用例，要有一系列操作：

addItem（累计商品）→ addTax（计算税）→ calculateTotalPrice（计算总价）→ placeOrder（创建订单）

交易中心当然可以将这些服务以单个接口方法的方式提供给前台应用，这样不仅需要前台应用对于订单创建流程和逻辑有更高的要求，而且会增加出现服务调用错误的概率，最好封装一个粗粒度的方法供用户做一次性远程调用，同时也隐藏了内部业务的很多复杂性。服务调用方也从依赖4个方法变成了依赖1个方法，从而大大降低了程序耦合度。

另外，从服务和接口方法的数量角度来看，服务将通常作为测试和发布的单位，如果粒度过粗，将大量操作分组到单个服务中，则可能增加单个服务的使用者，这样就为服务使用者快速找到正确的操作带来了挑战，从而导致服务使用体验不佳。要更改服务，势必需要重新发布整个服务，从而影响较多使用者。

所以要避免服务粒度的两个极端：

- 提供仅有几个方法的很多服务。
- 数十或数百个操作均集中在几个服务中。

应考虑多个因素，如可维护性、可操作性和易用性，并进行折中。

还有一种划分服务粒度的方法是，创建反映业务对象生命周期的状态的服务接口。例如，费用申领中，每笔费用申领的生命周期都包含四个状态，如图4-14所示。

图4-14 费用申领的四个状态

由于业务对象状态常常能同时反映业务和技术两方面的内容，因此完全可以将ExpenseClaimService（费用申领服务）拆分为适应每个状态的多个服务：ClaimEntryService（费用构建服务）、ClaimApprovalService（费用审批服务）、ClaimPaymentService（费用支付服务），得到如下所示的服务代码：

```
ClaimEntryService {
    createClaim(String userId);
```

```
    ClaimItemDetails[] getClaimItems(int );
    ClaimErrors[] validateClaim(int claimId);
    void removeClaimItem(int claimId, int itemId);
    int addClaimItem(int claimId, ClaimItemDetails details)
    int submitClaim(int claimId);
}

ClaimApprovalService {
    int approveClaimItem(int claimId, int itemId, String comment);
    void approveClaim(claimId)
    void returnClaim(claimId)
    ClaimItemDetails[] getClaimItems(int );
    ClaimErrors[] validateClaim(int claimId);
}

ClaimPaymentService {
    void payClaim(int claimId);
}
```

通过这种方式，能更方便地理解每个服务。而且，将接口这样划分非常适合服务的开发、部署、维护和使用方式。总结来说，通过将划分逻辑放在对象生命周期上，我们就可以建立具有恰当粒度的服务。

（4）消除冗余数据

由于服务的远程调用需要网络开销，特别是在并发量很大的场景下，这样的开销就不是一个可以忽略的因素了。所以在服务的输入参数和返回结果中，要尽量避免携带当前业务场景不需要的冗余字段，来减少序列化和传输的开销。同时，去掉冗余字段也可以简化接口，避免给外部用户带来不必要的困惑。

比如"文档服务"中有个返回文章列表的方法：

```
List<Article> getArticles(...)
```

如果业务需求仅仅是要列出文章的标题，那么在返回的文章对象中就要避免携带它的内容等字段。

这里有一个经典解决方案，就是引入前面提到的 DTO 模式，专门针对

前台业务应用定制要传输的数据字段,这里需要添加一个 AriticleSummary(文章概要)的额外数据传输对象:

```
List<ArticleSummary> getArticleSummaries(...)
```

ArticleSummary 能很好地避免服务中心与前台应用间的冗余数据传输。

(5)通用契约

由于服务不假设用户的范围,所以一般要支持不同语言和平台的客户端。但各种语言和平台在功能丰富性上有很大差异,这就决定了服务契约必须取常见语言、平台以及序列化方式的最大公约数,才能保证服务具备广泛兼容性。因此,服务契约中不能有某些语言才具备的高级特性,参数和返回值也必须是被广泛支持的较简单的数据类型(比如不能有对象循环引用)。

例如,原有对象模型如下:

```
Class Foo {
    private Pattern regex;
}
```

其中,Pattern 是 Java 特有的预编译、可序列化正则表达式(可提高性能),但在没有特定框架支持的情况下,其他开发语言可能识别不了,所以最好采用 DTO 的方式改成常用的数据类型,如下所示:

```
Class FooDto {
    private String regex;
}
```

(6)隔离变化原则

当服务中心核心领域模型的对象进入前台应用中,要避免服务中心内部的重构或者模型变更导致前台应用也跟着变化。

比如前面描述的"文档服务",其中 Article 对象在服务中心内部可能作为核心建模的领域模型,甚至作为对象和数据库映射(O/R mapping)等。如果文档服务给服务消费者直接返回 Article,即使没有前面所说的冗余字段、复杂类型等问题,也可能让服务外部用户与服务内部系统的核心领域模型产生一定的关联,甚至可能与 O/R mapping 机制、数据表结构等产生关联,这样一来,内部的重构很可能影响到服务外部的用户。

同样,可采用外观模式和 DTO 作为中介者和缓冲带,隔离内外系统,把内部系统变化对外部的冲击降到最低。

(7)契约包装

虽然使用了 DTO 和外观模式将服务生产端的变化与服务消费端进行了隔离,但 DTO 和外观模式可能被服务消费端的程序到处引用,这样消费端程序就较强地耦合在服务契约上了。一旦契约更改,或者消费端要选择完全不同的服务提供方(有不同的契约),修改时工作量可能就非常大了。在较理想的面向服务设计中,可以考虑包装远程服务访问逻辑,也称为服务代理(Delegate Service)模式,由消费端自己主导定义接口和参数类型,并将服务调用转发给真正的服务客户端,从而让服务使用者完全屏蔽服务契约。

服务代理示例如下:

```
//ArticlesService 是消费端自定义的接口
class ArticlesServiceDelegate implements ArticlesService {
    // 假设是某种自动生成的 service 客户端 stub 类
    private ArticleFacadeStub stub;

    public void deleteArticles(List<Long> ids) {
        stub.deleteArticles(ids);
    }
}
```

在此示例的前台应用中,所有有关文档服务调用的地方引用的都是 ArticlesService,而不是"文档服务"提供的 ArticleFacadeStub,这样就算服务提供端的 ArticleFacadeStub 发生了变更或者重构,也只需要在 ArticlesService

类中进行相应的调整，而无须更改更多的代码。

（8）服务无状态原则

为了保证服务中心的服务稳定性以及可扩展性，必须将服务设计为可伸缩的且可部署到高可用的基础结构中。此重要原则的一个推论就是，服务不应为"有状态型"的。即服务不应依赖于服务使用者和服务生产者之间长期存在的关系，服务调用也不应显式或隐式地依赖于前一次调用。为了说明这一点，我们举一个简单的例子，下面是一个电话对话：

```
问：小明的账号余额是多少？
    答：320元。
问：他的信用额度是多少？
    答：2000元。
```

此示例演示了典型的有状态模式。第二个问题通过使用"他的"引用第一个问题。这个示例中的操作依赖于转换上下文。现在让我们考虑一下所提供的应答，请注意，回答中没有上下文信息。只有在被询问者知道所询问的问题时，这个回答才有意义。在此示例中，要求使用者维护对话状态，以便解释所得到的应答。

首先，我们考虑一下依赖于前一操作建立的上下文的操作。假如这是一个与呼叫中心的交互，只要与同一个操作人员对话，对话就可以有效地结束。但我们假设呼叫被中断了，如下所示：

```
问：小明的账号余额是多少？
    话务员1：320元。

此时通话中断，被转接到另一个话务员：
问：他的信用额度是多少？
    话务员2：谁？
```

中断导致上下文丢失，因此第二个问题是没有意义的。就这个电话对话而言，我们可以通过重新建立上下文而抵消中断带来的后果："我在问小明的银行账户的信息，您能告诉我他的信用额度吗？"不过，在可扩展服务调用领域，有状态对话通常更为麻烦，重新建立上下文也许在技术上可行，但很可能带来很大的性能开销。

是否要求使用关联性？即相同的服务使用者发出的连续请求是否必须交付到相同的服务提供者实例？要求使用关联性是一种有状态性与可伸缩性及可靠性冲突的情况。为了保持服务中心各服务能力的服务质量，我们必须优先考虑最终服务架构的可伸缩性和可靠性。所以笔者强烈建议，将服务设计为可避免维护会话上下文的需求。

回到上面电话对话的示例，我们可以通过将服务设计为在响应中包含合适的关联信息，从而避免对会话状态的需求，如下所示：

问：小明的信用额度是多少？
　　答：小明的信用额度是2000元。

在响应中包含关联信息是很好的做法，原因很多。首先，它简化了可伸缩解决方案的构造，还能提供更多的诊断帮助，且在不可能向原始请求程序交付错误响应时非常重要。总之，仔细地进行服务设计可以避免对状态的需求，从而简化可靠的、可伸缩服务结构的实现。

（9）服务命名原则

我们在选择服务、操作、数据类型和参数的名称时有一个指导原则：希望最大化服务的易用性。我们希望帮助业务应用开发人员标识实现业务流程所需的服务和操作，因此，强烈建议对服务使用者定义专业领域内有意义的名称，优先选用业务概念而不是技术概念。

建议就是：应使用名词对服务进行命名，使用动词对操作进行命名。例如，以下是使用动词短语和IT构造的服务定义：

```
ManageCustomerData {
    insertCustomerRecord();
    updateCustomerRecord();
    //etc ... }
```

接下来是使用名词和动词短语及业务概念的服务定义：

```
CustomerService {
    createNewCustomer();
    changeCustomerAddress();
    correctCustomerAddress();
    // etc ... }
```

比较明显，第二个示例的易用性更好一些。在第二个示例中，服务的业务用途非常清楚，而不仅仅指示其输出。因此，建议不要使用"update-CustomerRecord"（可以为出于任何原因进行的任何更新），而使用"enable-OverdraftFacility（启用透支能力）"。与此类似，在客户搬迁时，我们使用"changeCustomerAddress"方法更改客户地址；而在希望更正无效数据时使用"correctCustomerAddress"更正客户地址，因为这样很容易看出这两个操作采用了不同的服务逻辑。

（10）服务操作设计原则

这是对于服务操作命名设计原则的进一步深化：应当使用具体的业务含义而不是泛型操作对操作进行定义。例如，不要使用泛泛的 update-CustomerDetails 操作，而要创建 changeCustomerAddress、recordCustomer-Marriage 和 addAlternativeCustomerContactNumber 之类的操作。此方法具有以下好处：

- 操作与具体业务场景对应。此类场景可能不仅是简单地更新数据库中的记录。例如，更改地址或婚姻状况可能需要更改其他业务模块中的相关信息，比如婚姻状况的修改可能会引起会员权益的改变。如果使用不太具体的操作（如 UpdateCustomerDetails），则不适合实现此类业务场景。
- 各个操作接口将非常简单，且易于理解，从而提高易用性。
- 每个操作的更新单元有清楚的定义（在我们的示例中为地址、婚姻状况和电话号码）。在实现具有高并发性要求的系统时，我们可以基于操作的要求采用更细粒度的锁定策略，从而减少资源争用。

针对操作中参数的设计，应采用粗粒度和灵活性强的参数，目的是尽量减少因为需求变更带来的参数结构变化。以 CreateNewCustomer 操作的两个接口为例：

采用细粒度参数的 CreateNewCustomer 操作接口如下：

```
int CreateNewCustomer(String familyName,String givenName,
    String initials, int age,String address1,
    String address2, String postcode      // ...         )
```

采用单个粗粒度参数的 CreateNewCustomer 操作接口如下：

```
int CreateNewCustomer( CustomerDetails newDetails)
```

以上两段示例代码显示了一个具有很多细粒度参数的操作和采用结构化类型作为单个粗粒度参数的操作。之所以建议使用粗粒度参数，是因为这样能够在很大程度上避免因为细粒度参数变化带来服务整体版本升级。

从参数灵活性的角度看，要考虑服务需求的多样性和灵活性。比如，在查询商品信息时，商品定义的字段很多，不同的业务关注的字段不一样，所以在定义接口时，可通过传入业务方需要返回的商品的字段，将这些字段保存在 List 对象中，服务获取对应字段的值后封装成对应的 Map 对象返回。这样通过一个商品查询的操作方法就能满足不同应用系统对商品字段的信息获取需求。

（11）重要的服务不能依赖非重要的服务

中台建设是以服务为中心，即整个体系间的交互均以服务的形式进行。不仅前台应用和中台的各服务中心会以服务的方式进行交互，而且各服务中心之间也会这样交互。在有些情况下，前台应用在业务复杂度发展到一定程度后，也会建立起在该应用系统内部的服务体系。比如，天猫和淘宝这样的业务前端应用已经非常复杂，其内部就构建起了一个多层的服务体系。业务中台的各服务中心为这个服务体系的最下层，之上的各前端业务系统中又会按照自身业务的特点建立起自己的服务层级。

在整个服务体系中，有交易、商品、订单相关等这一类非常核心和重要的服务，也有相对不重要的服务，如运费计算或者前端应用中所创建的服务。从服务对业务的影响程度、服务范围就会体现出服务重要性不同，而且服务重要性的不同也直接决定了能得到的支持和保障资源会有差异，从而最终会体现在服务的稳定和可靠性方面。所以越在下层的服务会越稳定，越往上层的服务则不管是稳定性还是业务兼容性方面都不如下层服务。

"重要的服务不能依赖非重要的服务"这一原则可以更加细化，如下所示：

- **上可依赖下**。越上层的服务实现可以依赖下层的服务，也可跨级依赖。
- **下不可依赖上**。下层的服务实现和运行一定不能依赖上层的服务，否则就会出现因为上层服务质量问题和不稳定的表现影响到下层的重要服务，而下层服务的故障将会影响到依赖这一服务的所有平级服务中心和前台应用的情况，会出现严重的"雪崩"效应。
- **平级可依赖，避免循环依赖**。这一原则最典型的体现是业务中台的各服务中心在服务层级中均属于平级，它们均有同级别的服务运营要求，是可以互相依赖的。
- **高级别不可依赖低级别**。业务重要性明显高的服务不能依赖业务重要性低的服务，应做好相应的服务降级，或者通过前台业务隔离这种情况的服务依赖。

总结：简单就是美，过多的原则可能会让整体的设计变得臃肿，在什么情况下采用什么样的原则，需要建立在对业务理解的基础上，而且需要在实践过程中不断练习，从而能更从容地应对服务设计相关的问题。

二、业务运营体系

在数字化商业形态里，企业不再只以物理实体作为生产资料，数据也将作为生产资料，让生成资本变得随时而变，不再确定。原有的受限于物理时空、基于流程与规则的固定生产关系变成以数据为中心的非固定生成关系，通过网络效应令生产关系跨越时空限制，使用多种连接方式催生出新的多样化的业务形态。在战略规划上，原有的基于市场预测、竞争分析等制定的战略规划会基于数据快速迭代与创新，即应对不确定的商业环境，通过反馈不断快速修正、迭代战略规划。

在数字化的商业形态和生产运营方式下，数据成为企业的核心资产，这对企业的战略制定和运行决策机制提出了基于数据的、与从前截然不同的要求和模式；对于正在寻求建设数字化商业形态和生产运营模式的企业，则必须设计出与数字化技术相匹配的业务运营机制，才能保证数字化转型的成功。

所以我们需要定义一个完整业务运营参考体系，使得企业价值链中的所有IT业务活动自动化、智能化，使得业务更加透明化，并具备可追溯性，确保来自不同技术供应商的业务运营解决方案的互操作性，本质上就是在整个价值链条中打造一个以数据为中心的业务运营模型。

企业数字化转型的核心就是平台化思维，数字化企业就是平台化企业。在打造平台化企业的过程中，我们总结出了一种可能是最优的解决方案并得到验证的架构，便是基于中台架构的平台级标准参考架构。在这种架构里，中台为我们解决了面向业务的数字能力平台化，其自身定位并不直接面向市场的终端客户，而是组织内部的共性业务数字化能力的沉淀。作为整个平台业务架构的底层的企业中台，为整个平台提供了最基础和最核心的业务能力，平台将基于中台提供的这些能力，针对业务链的不同环节提供不同的应用产品。

在基于中台的平台标准参考架构实践过程中，为了实现上面所提到的以数据为中心的业务运营模式，我们提出了一个标准的平台级三层业务运营参考模型，包括数字能力运营平台、产品运营平台和租户运营平台。

首先需要给中台的运营团队提供可视化中台运维平台，方便各个服务中心的运营团队针对自己负责的服务中心进行业务的运维，可以对所有租户在本服务中心的数据具备查看和运维的能力。

平台通过多个产品的形式给不同用户提供服务，从产品功能的角度，同样需要有可视化的运维平台方便用户从产品的角度对业务进行运维，同时便于用户解决遇到的问题，那就需要一个独立的产品运维管理平台给各个产品线的人员提供相应的运维功能。

平台中绝大多数的用户都隶属于企业，企业在使用平台的产品时，也会对一些全局的数据进行配置和运维，同时也能为本企业的用户提供对使用产品的过程中遇到的一些简单问题进行自运维的能力，所以需要给平台租户提供一个自服务的"租户运维管理平台"，租户系统管理员一般为企业的信息中心人员，对于系统配置和操作具备一定的能力，如图4-15所示。

数据将是平台的核心资产，关于数据的归属问题在这里不从法律层面去探讨（这超出本书的范畴），只从逻辑上来划分，分成三块：提供中台业务服务的团队、提供产品服务的团队、产品的使用者租户。在实际运维中，很重要的一个设计原则是，在未经租户用户授权的情况下，产品运维和中台运维人员是不能擅自修改租户数据的。只有当租户系统管理员解决不了问题时，以工单的方式提请产品运维人员协助解决问题，产品运维人员才可根据租户需求调整数据，如果产品运维人员依然无法解决此问题，则会将此问题升级到中台运维平台，让中台人员最终解决问题。而且在产品运维人员或中台运维人员对租户数据进行修改操作时，均是以工单中授权人员的身份进行编辑，避免出现数据归属的混乱，也让用户感知到平台运营的正规性。所以平台必须具备完善的工单系统用来授权产品运营和中台运营团队对客户数据进行维护处理并进行记录。

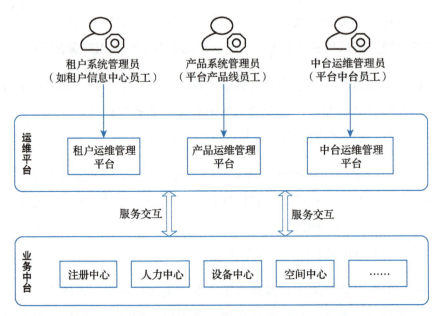

图 4-15 给平台租户提供一个自服务的租户运维管理平台

图 4-16 是一个标准的工单处理流程的示例。

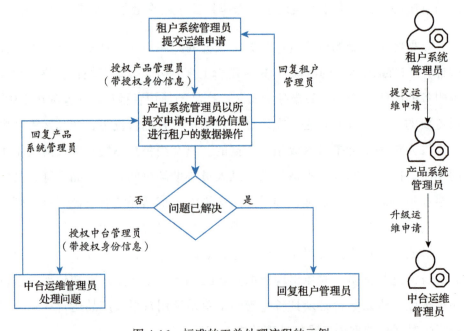

图 4-16 标准的工单处理流程的示例

另外，从平台的角度，产品一定不是一次性推出市场，而是逐步研发和发布的。从用户的角度，也会先选择使用某个产品，后使用另外的产品。那就需要给各运维管理平台的用户带来统一的操作体验，而不能强制要求用户必须先使用某个产品，后使用另一个产品。或者用户在使用两个不同产品时获取的用户体验差异非常大，重复数据的录入，甚至存在逻辑冲突，这都是平台无法接受的。要避免这种情况的发生，就需要从平台业务全局的视角将平台中的功能进行分类：一类是平台用户一定会使用或需要配置的，这些称为业务运维共享服务；一类是各产品线特有的业务数据和系统配置，应由各产品线自己负责运维。

而在多业务产品线的平台建设过程中，我们会发现有一类能力是各个产品都必须具备的共性的业务能力，但是又不适合放入业务中台，所以基于中台，我们建立了产品层，将这些共性的业务能力抽离出来成为产品共享服务层，以便在不同产品中复用这些能力。现在，同一个业务需要在不同的场景下提供不同端的产品，这就导致同一业务需要支持不同的终端，在这种情景下，前后端分离是一个必然的选择，将负责具体的业务服务与负责交互体验的交互服务分离。这样我们就形成了一个基于中台的四层产品架构。

只有构建起这套产品架构和业务运营体系后，我们才能支撑平台的可持续发展，新的产品可以基于这个框架源源不断地加入平台中，用户在享受到更多平台服务的同时，会感受到整体运维体验平滑，不会出现混乱、逻辑混淆等问题，避免运行一段时候后要对整体架构进行大的调整。

三、数字能力运营体系

如果我们把平台看作一种智慧生命体的话，那么平台的数字能力就是平台的细胞，各种数字能力聚合形成的业务功能就是平台的各种器官，这些器官相互协作，与各种外界场景产生交互，不断根据外界反馈进化自身的能力，这样的生命体才能适应不断变化的世界并且生产下去。上节介绍了怎样构建平台型企业业务运营体系，接下来我们来谈谈数字能力运营体系的构建，怎样的数字能力运营体系能让平台不断地适应新环境并不断地迭代进化。

平台型系统是一个典型的复杂系统，其复杂特征表现在内部有很多子系统，子系统之间相互依赖、协同协作、共同完成对前台业务的支撑；子系统又会分多个层次，真实的产业互联网平台里，横向和纵向的服务会产生很复杂的服务调用关系，这些服务也就是企业沉淀下来的数字能力。和以前项目式的系统建设不同，平台型系统必须采用产品式的建设模式，平台上线的那一天，只是平台生命的开始，平台自身的数字能力将来向哪个方向发展，怎样迭代进化，这些都需要有一个数字能力运营平台来管理，从全局角度去管理和控制平台中各子系统、各服务之间的关系，把握整个平台的服务能力沉淀并不断进化。

当基于中台架构的产业平台进入发展的深水区，或者在中台建设初期规划阶段就需要组织、员工基于中台架构更高效地进行业务协作，如何在真正体现出中台高效支撑业务发展的同时，还能持续沉淀企业具备核心竞争力的数字资产，这些问题自然成为平台发展要面临的问题。

中台架构是站在产业业务链全局的视角，对各业务领域进行完整梳理，是业务解耦、共性和个性需求分离的过程，构建起的服务化体系对于平台上的业务产品部门、中台运营团队的协作提出了相比之前更高的要求。因为随着业务的发展，会有新的需求汇聚到中台，也会有个性化的定制需求，应由中台各服务中心的业务负责人决定哪些需求应由中台服务中心实现，哪些需求应由前台实现，以及如何能够更高效地满足个性化的需求。

数字能力运营平台正是解决这一系列问题的规范化、标准化、流程化平台，目标是让企业基于可视化、数据化、可跟踪的形式驾驭中台架构，更好地为企业业务发展服务，也能真正实现核心业务沉淀到中台，为企业将来的快速创新和探索构建起坚实的 IT 基础。数字能力运营平台的架构如图 4-17 所示。

图 4-17　数字能力运营平台架构

1. 业务 & 能力全景可视化

基于中台是实现组织内部数据信息开放共享的重要形式，对于沉淀到中台的服务能力应该以公共、透明的方式开放给组织的其他业务部门，而且只有将这些信息做到足够的开放和细致，前台业务才能更容易地了解中台目前提供的服务能力，就能更清晰地知道满足当前业务需求需要得到中台哪些方面的支持，哪些需要自己去实现，哪些需求可以提出来与中台团队一起探讨最佳实现方式。

要实现中台服务能力的精细化运营，首先要构建起标准化的能力地图，即通过以能力为颗粒度进行原子化管理，对于将每个能力提供哪些业务功能、如何接入、业务扩展点、输入输出参数、接入权限等都有准确和清晰的描述。让使用这些能力的应用方通过能力地图对于中台的服务能力有一个清晰的了解，更加快捷地使用这些服务能力。

能力地图中的能力描述应是生产环境中服务能力的真实表现，决不允许出现信息不匹配的情况，否则大概率会出现服务接入失败的情况，甚至影响到实际生产，这就大大违背了构建能力地图的初衷。所以建议由各服务中心安排专门的人员对能力地图中的信息进行日常维护，当服务能力发生变更时能第一时间体现在能力地图中，避免错误的发生。

数字能力运营平台不单单是对中台服务能力的运营，也是围绕中台服务能力的总体运营。当中台成为整个平台根基的时候，前台的应用均是基于中台的服务能力构建而成的，这些应用要完成的业务处理或业务场景的实现，都需要依赖中台的服务。从服务管控和稳定性的角度来说，哪些前台应用能调用中台的服务，对应用提供的服务带宽是多少等，都可能因为应用的不同而所有差异，这也应该属于数字能力运营平台的职能范畴。

平台应针对不同的业务应用提供相应的管理功能，并对于这些业务应用的身份标识、中台服务接入权限、限流控制等进行统一的管理。简单来说，就是提供基于中台架构所构建的能力数据大屏，例如有多少基于中台建设的应用数量，中台有多少能力域，能力域中包含了多少能力、业务扩展点、被依赖热点能力等，以及用户所关心的核心能力的实时运行数据。

总体来说，将业务应用的管理纳入数字能力运营平台中，核心目的是防止应用随意接入中台服务，这会导致整体应用架构服务依赖混乱，服务稳定性也会在此环境中受到极大的挑战。数字能力运营平台中所提供的业务管理功能仅涉及与中台服务依赖相关的信息和配置，不涉及应用具体的业务配置及运行监控等，建议还是将这些功能放入相应的专业运维管控平台中，也可以做一些状态信息的同步，让数字能力运营平台对业务应用的运行有更直观的感知。

另一个非常重要的功能是业务全景图，通过清晰的图表展现企业所有基于中台构建的应用、能力域、能力依赖关系，让用户直观地了解当前平台整个体系的数字能力系统建设现状。在整个业务全景图中不仅显示静态的服务依赖、业务扩展关系，而且还会体现实时服务调用、业务扩展调用等运行态数据。简单来说，就是**构建起以能力为颗粒度的企业数字资产地图**。

2. 能力自服务接入

仅仅提供能力地图将中台的服务能力展现出来，给企业带来的价值是有局限的，能力地图只是展示企业的数字能力，如果给服务使用者提供自服务接入，将比之前需要跟多个服务中心的团队进行线下沟通和讨论高效得多。采用服务接入流程，可以给服务使用方提供更好的服务体验，提升了服务接入效率，同时也能将整个组织中各个服务中心、前台应用间所有的服务依赖关系进行统一的信息收集。服务依赖信息不仅对系统运行过程中出现问题的判断提供有价值的信息，也能对整个组织的整体业务架构全景有更清晰的认知。

总体来说，能力地图是对企业中台服务能力清晰、结构化的展现，基于能力地图，给能力的使用方提供快捷的能力接入服务，也是中台运营平台在业务支撑过程中效率提升的重要体现。

3. 流程驱动的能力沉淀

从中台建设的理论和实践来看，中台不是通过一次项目的建设一蹴而就的，而是在企业业务不断发展的过程中持续演变和发展的，这意味着中台内各服务中心的服务能力随着业务需求的变化、新增业务系统等也会有修改、增加甚至淘汰，这样将持续保持中台服务能力的不断沉淀。

中台肩负着企业数字化创新能力引擎的重要使命，要保持中台内服务能力提供稳定服务的同时，还能进行专业的服务能力沉淀，这不能草率地依托于企业少数人的判断或者只将服务能力的增加体现在代码中，而需要一套需求结构化分解方法和流程将服务进行沉淀。

对于应用方提出的能力需求，不管是对现有能力提出的更新需求还是新增能力的需求，都可以采用流程化的方法将需求沉淀到中台并对过程信息进行跟踪，主要流程如图 4-18 所示。

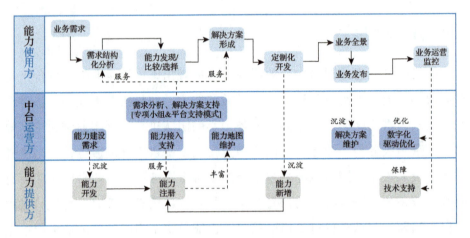

图 4-18　流程驱动的能力沉淀

通过这样的规范流程，在前端应用人员、中台服务中心的运营团队之间构建起了高效的需求协同机制，大大减少线下需求沟通中因为不同利益诉求而造成争执、不合理需求掺杂到中台服务、需求"无痕迹"地落入中台等一系列阻碍中台持续运营和发展的问题。将中台对前台应用的支撑以及业务的沉淀做到有迹可循，将所有协同中的信息、处理效率都做到完全数据化，更直观地体现出中台价值，且人员的工作效率可量化。

4. 服务分析

服务分析功能是中台运营平台中非常核心的功能，该功能不单单用于展示中台内提供的服务能力的数量、服务调用次数、服务响应时间、服务不可用时间、需求响应等显性数据，同时也会融入架构师对于服务设计、领域设计的最佳实践经验，通过对中台架构内服务运行数据的分析，挖掘出有助于提升企业服务能力的信息，并针对这些信息提出改善的方案，将中台运营平台从一个围绕服务管控的平台提升为可帮助提升数字服务化运营能力的平台。

5. 高效支持业务个性化需求

中台沉淀了很多共性的业务能力，但是实际的前台业务场景还是有很多个性化的东西，在"VUCA"时代，前台系统的业务变化是常态，所以中台的共性业务能力的可扩展性决定了前台个性化的业务需求是否能够更快地得到支持和实现。在很多情况下，由于未来业务的不可预测性，中台原来设计的领域模型的扩展性不足以满足很多将来的业务场景，从而导致中台的业务能力的复用性降低。为了解决这种问题，我们引入了能力扩展点机制，通过分离关注点，将未知的部分分离出来作为扩展点进行实现。

引入能力扩展点机制后，应用层很多个性化的需求将会采用实现扩展的方式来实现。由于个性化业务不断增长，扩展的实现势必会越来越多，在实际业务处理过程中，什么样的个性化需求才需要用扩展实现，怎样管理这个实现，不同的业务加载哪个相对应的扩展，以及扩展点的版本及升级控制等，都需要得到管理。

采用业务扩展点的方式能在很大程度上提升满足个性化需求的效率，同时也能保持中台具备较好的业务可扩展性。数字能力运营平台需要提供与该扩展框架集成的功能，让前台业务对业务扩展点的实现进行规范，避免因为业务扩展点滥用、使用过多等问题给中台持续发展带来管理上的难度。

6. 解决方案中心

中台刚开始提供的是相对细粒度的服务能力，随着前台业务的不断接入，我们会发现有更多的某种业务场景需要粗粒度的共性服务，需要聚合多个中台服务中心提供的原子化的服务能力。为了更高效地支持前台业务，我们可对这类具备共性的粗粒度业务场景形成一个更高维度的服务，作为此类业务场景的一种通用的解决方案。这种场景增多时，我们就会形成一个强大的解决方案中心。当有新的前台业务接进来时，可以首先推荐该前台从解决方案中心去寻找是否有同样的或者类似场景的解决方案，以便加快前台业务的开发。

四、能力开放平台

当企业自身的数字化能力构建到一定的水平，基于业务场景沉淀的数据具备一定的社会共享价值后，就可以通过将内部数字能力对外开放的形式吸引其他合作伙伴一起共建产业生态。这些外部合作伙伴之所以愿意加入平台的生态，关键点是平台能给他们带来利益。不管是以业务流量方式（如淘宝），还是以独特的服务提供（如高德），都可以吸引合作伙伴基于平台开放能力进行生态共建。这些合作伙伴多少会对这个产业有所沉淀或具备一定经验，整合这些合作伙伴的资源一起服务好平台上的企业，一定不是让他们以脱离平台能力之外各自单独构建产品的形式出现在客户面前，这样不仅会影响用户对于平台服务统一性的体验，也容易因为部分合作伙伴的服务质量问题给平台带来更大的负面影响。所以要求这些合作伙伴一定是基于平台当前的功能开发规范和已有能力扩展构建各自的应用，这样从客户角度能得到功能和体验更好的产品服务，平台自身也能持续运营发展。

能力开放平台正是在这一业务发展的需求下产生的，即将平台中的核心服务能力以 API 的方式开放给外部的合作伙伴。能力开放平台本质是通过服务能力的方式赋能给外部合作伙伴生态，一起更好地服务于平台上的企业用户，是企业为打造产业生态而迈出的重要一步。

构建能力开放平台，在满足能力开放核心需求的同时，还需要重点关注以下几个主要方面：

- **安全性**。能力开放的本质是将平台当前的业务和数据能力开放给平台外的企业，这些能力，特别是数据，是平台的根基，这些能力一旦被恶意使用或者数据被外泄，都将给平台带来巨大的损失和影响。所以能力开放平台首要考虑的问题是安全性，在保证平台数据安全的前提下对外提供好用的服务能力。

- **稳定性**。从合作伙伴的视角，他们的产品依托平台的能力服务于他们的客户，一旦平台的能力稳定性不好，会直接导致合作伙伴产品的客户端表现不佳。从平台自身的角度来看，这些开放的能力同时还会给平台自己开发的产品提供服务，当外部合作伙伴共享使用这些服务时，一定要避免不同产品之间的服务调用干扰，在尽可能保证对所有能力调用提供稳定服务的同时，优先保障核心产品的正常运行。

- **平台管控性**。能力开放平台是连接平台与外部合作伙伴产品的枢纽，一切内外部的服务调用交互都通过开放平台完成，所以需要对平台的运行情况从各个维度进行实时、清晰、准确的把控。

- **提供自服务能力**。合作伙伴基于平台构建自己的产品，是把自身的业务发展与平台发展绑在了一起，这本身是一种诚意的体现。给这些合作伙伴提供强大的自服务能力是能力开放平台应该考虑的问题，让合作伙伴在入驻平台、服务订阅开通、服务运行监控报警、分析等各个方面都有很好的用户体验，帮助他们更好地构建自己的产品。他们的产品让企业有更好的服务表现，是平台应达到的目的。

小结

总的来说，如果把企业数字化转型的建设比作建造一栋摩天大楼，能支撑建造起整栋摩天大楼并让大楼按当初的规划正常运转，需要在建设之初打造好地基，规划好楼层，以及部署好基础设施。

大楼的地基相当于承载数字化转型平台所需的基础功能，整个平台构建的所有系统和应用都必须依赖这些基础功能来构建，否则就无法在平台中运行，地基不稳定，将无法支撑整栋大楼达到预期的高度，也就是平台的基座不稳定、可扩展能力不强，很有可能让数字化转型走到中途就无法继续前行。

大楼的楼层主体可对应为数字化转型平台的总体架构，整个大楼应该按照规划划分大楼楼层区域，对每一楼层区域会基于业务规模和特性决定有多少层楼，这就相当于整个数字平台的架构分层和规范标准。所以数字化转型需要将平台整体架构的层级做清晰的定位，让提供对应功能的应用只能入驻对应的层级，而不能随意建设，以免导致无法整体运营，用户体验混乱。

大楼的基础设施，如网络、电梯、水电、通风等，是保障大楼能够正常运转的服务，各个楼层和房间都必须遵循相关的规范进行装修和接入，在保证单个房间环境支持日常运营的同时，也建立起了房间与房间（通风）、楼层与楼层（电梯），楼层与地基（网络）间的协同机制，有需要时能进行高效的协同。同时，作为大楼基础设施，一定需要对应的管理监控平台，保持这些基础设施的正常运转。这里的基础设施管控平台相当于业务运营平台中的中台、产品、租户运营平台，即分别针对中台运营人员（大楼的管理人员）、产品运营人员（功能层运营人员，如餐饮部管理者）、租户管理员（入驻商家）提供各自关注的信息，而且三者彼此之间还有很多业务上的交互和协同。楼房和房间装修和入驻标准相当于与架构、产品设计、开发相关的规范标准，只有遵循这些规范标准建设的功能才能入驻平台。

最后，各个楼层中的房间相当于在数字化转型平台上进行企业建设的各个应用，比如会议区域的一间会议室、办公区域的一间办公室，而各个楼层中的房间组合在一起可以给企业提供完善的从办公、会议、休息、餐饮一体的应用体验，这套应用体验相当于一个产品，入驻大楼的企业相当于使用产品的企业租户。

所以，整体的运营体系是构建平台级系统的基础框架，好比构建大楼的基础框架，基于这套框架是构建出一栋超级购物商场还是构建一个办公大厦，完全取决于建设方的业务诉求，基础框架本身是与具体业务无关的，能适用于任何业务建设的需要。目标是将建设整个平台的效率提升，风险降低，实施完成后的平台各功能区团队间运营有序，入驻用户体验最佳。

第五章

高阶数字化转型——产业互联网

当今，越来越多的传统产业中的头部企业开始探索产业互联网平台的建设，这样一个现象有它发展的必然性，本章将从国家宏观调控和社会发展规律的角度阐述这一现象，并结合笔者过往的实践经验提出几点自己的看法，希望对有志于推动产业变革的产业家们带来一些启发和帮助。

产业互联网的建设相比企业一般的数字化转型建设（主要围绕企业内部价值链和相关上下游数字贯通），其战略战术制定、业务复杂度、技术挑战性和组织人员要求都要高出不少，但产业互联网本身也属于企业数字化转型的范畴，因此笔者将产业互联网称为高阶数字化转型。

一、产业互联网承载的社会使命

2017年10月，在党的十九大报告中指出，中国特色社会主义进入新时代，我国社会主要矛盾已经转化为人民日益增长的美好生活需要和不平衡不充分的发展之间的矛盾。同时指出，在当前阶段，要通过深化供给侧结构性改革加快建设创新型国家等激发全社会的创造力和发展活力。

什么是供给侧结构性改革？在需求侧，人们对美好生活的需要以及互联网发展带来的新体验不断地促进了消费升级；而在供给侧，大部分实体产业链条长，产业链上有大量小而散的从业者，存在着信息不对称、供需失衡、生产水平落后、同质化竞争、整体效率低下的现象。一边是需求得不到满足，一边是大量的产能过剩和库存积压，产业链发展存在着严重的不充分、不平衡现象，这是导致供给侧和需求侧失衡的重要原因（如图 5-1 所示）。传统的产业结构和生产经营模式已经难以适应新时代经济发展的需求，转型升级迫在眉睫，因此迫切需要通过产业互联网进行产业链供给侧的改造和优化，通过产业链优化实现生产关系的改造，通过新技术和供应链金融赋能，提升生产力。

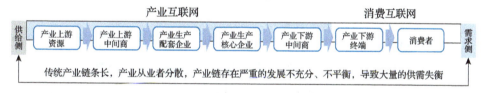

图 5-1　供给侧和需求侧的现状

在 2017 年乌镇互联网大会上，阿里巴巴集团的马云先生在主题演讲中说过这段话："过去 20 年互联网'从无到有'，未来 30 年，互联网将会'从有到无'。"马云先生也对这句话做了清晰的阐释。在过去 200 多年间，人类一共经历了三次技术革命：第一次是工业技术革命，以机器取代人力；第二次是电气技术革命，因为电的发明，使人类社会告别了黑暗；第三次是信息技术革命，以原子能和计算机为代表的新一代信息技术改变了人们的生活方式。回顾这三次技术革命，每一次技术革命的周期都在 50 年左右，在这 50 年间，前面 20 年是推动革命的关键技术完善成熟的 20 年，后面 30 年是将这些技术真正融入社会，推动社会各个产业利用这些技术升级变革的 30 年。遵循这样一个时间规律，如果将 1997 年作为中国互联网发展的元年，到 2017 年，过去的 20 年是互联网技术不断完善、成熟的 20 年，也就是对"过去 20 年互联网从无到有"这句话的描述；后面 30 年将是互联网技术充分融入传统产业，助推各个产业升级变革的30年，互联网行业和传统行业将不会各自割裂，单纯的互联网产业将很难有独立发展的空间，互联网将逐渐融入传统产业中，而这就是"未来30年，互联网将会从有到无"这句话所代表的意思。

从实际情况来看，各大互联网巨头通过科技赋能的方式参与传统产业的产业升级的新闻越来越多，所以不管是以史为鉴看过去三次技术革命的发展规律，还是看现实中发生的事情，都在预示着接下来的30年将会是产业互联网平台大显身手的时代。

二、产业互联网构建的理论基础

陈威如教授在《平台战略——正在席卷全球的商业模式革命》一书中对平台战略进行了详细的论述："平台模式的精髓，在于打造一个完善的、成长潜能强大的生态圈。它拥有独树一帜的精密规则和机制系统，能有效激励多方群体之间互动，达成平台企业的愿景。平台生态圈里的一方群体，一旦因为需求增加而壮大，另一方群体的需求也会随之增长。如此一来，一个良性循环机制便建立了。"

平台经济的另一个重要内涵是"共享、赋能"。平台通过连接各方，将闲散的需求和资源进行整合、共享，不仅让每个单体企业获得规模效应的红利，更极大地提升了资源的配置效率，这也是产业互联网创造价值的本质。

生态优势背后的假定不再是零和博弈，而是共赢，是把饼做大，形成共生、互生、再生的利益共同体。生态优势不追求"为我所有"，而是"为我所用"，生态圈核心企业有效地与外部发生连接。企业价值的创造不再是企业内部的活动，而是与外部伙伴（可以是上下游、互补品生产商，甚至是消费者和用户）共同创造。

以上理论研究的开展虽然都早于产业互联网爆发的时间,但是为产业互联网的发展提供了通用的管理逻辑思考,即产业互联网通过对产业链上的个体进行系统整合,形成新的产业链治理机制和利益分配机制,去竞争为合作,去封闭为开放,建立产业命运共同体,实现所有参与者多方共赢以及产业生态的良性治理。

企业数字化转型是一场革命,必然会对产业链带来深刻的影响。现有产业链是与工业化体系相适应的,传统的产业分工硬化成为一种格局,固化了产业流程和资源配置,并形成与之相适应的产业链布局。数字化打破了产业链的格局,特别是产业龙头企业的特殊地位,数字化转型无疑是对产业链的重新格式化。

最具标志性的是产业链聚集化,这是与产业集群相伴而生的现象。数字化驱动产业向特定优势区域集群化发展,带动产业链聚集化特征明显,成为数字时代产业竞合发展的大趋势。产业集群从过去由核心企业带动,到数字化驱动并引导相关产业跟进,加速向优势区域集中,逐渐成为产业发展的新常态。在这个发展趋势下,将会出现以下产业与社会的变化。

第一,对产业格局的影响。现有产业链是建立在传统分工基础上的,适应了工业化的需要,形成了固有格局。随着世界经济加快向数字化转型,必然会推动产业格局发生变化,形成全要素、全产业链、全价值链、全面连接的新型生产制造和服务体系。核心是按照平台思维,深化多元化合作、优化产业链布局、强化共生协同效能。网络化使得信息实时交互,供需方精准对接,资源自由流动;线上交互打破了物理空间的限制,打破了各种形式的信息壁垒和数据资源垄断,不仅节约时间,也能重新匹配资源。数字化生产流水线、数字化物流系统、数字化产能预测和数字化销售平台,产业数字化正在为传统产业带来全方位的数字化赋能,并重构产业链、供应链和价值链。

第二,平台重组产业链。通过平台赋能产业链,促进产业深度融合,增强产业链韧性。充分发挥平台优势，深化线上线下融合发展，沿产业链深度融合线上能力和线下生产力；促进产业链各环节互联互通，形成产业链企业间协同互动，产业链、供应链、价值链联动；增加产业链的稳定性、安全性、开放性。

平台化使企业联结方式发生根本性变化，平台成为产业组织者，企业从过去垂直分工的组织体转变为平台经济体，平台集合线下存量与流量，建立赋能型产业共同体。为关联企业精准对接供求信息，整体降低交易成本，全面提升产业链效率。打通供给端到用户端，取消许多中间环节，从而缩短供应链，节约产业链，提升价值链。因此，在数字化的条件下产业链不是无限延长的，而是趋向短小精悍、精炼高效，以减少产业链错配和浪费。

第三，强化数字应用创新。产业互联网将培育新业态、新模式、新场景，拓宽产业链领域，优化产业链。新场景开发改变了需求取向，重构资源配置方向，从而对传统产业链进行重组和再造。例如，在应对新冠疫情的过程中，催生并推动了许多新产业、新业态快速发展，无人配送、在线教育、在线医疗、远程办公等新消费需求明显增长，导致产业化跟进发展速度超常。随着人们思维方式和生活消费习惯的适应性改变，还会进一步扩大数字化需求，营造数字化应用新场景。

三、当前产业互联网的实践观察

通过对各类产业互联网平台的观察分析和相关信息的解读，笔者比较认同以下对产业互联网平台不同阶段的总结（如图 5-2 所示）。

产业互联网平台按照成熟度可分为四个阶段，目前，大部分平台仍处于 1.0 阶段（平台提供资讯发布以及基于供需信息进行交易撮合），或者 2.0 阶段（电商交易，利用信息不对称获得交易差价）。处在 1.0 和 2.0 阶段的平台目前发展都面临瓶颈，关键问题在于给客户带来的价值不足，或者不能带来持续的价值，客户并没有感到商业价值体验有本质的提升，这造成了客户黏性不足，平台上的数据也很难转变出更大的商业价值。因此，产业互联网平台需要向 3.0 阶段提升。从产业痛点入手，借助互联网对产业链的资源整合和价值链优化，向客户提供更有价值的服务，并随着平台发展不断延伸新的服务组合，最终形成围绕产业链的集成服务。

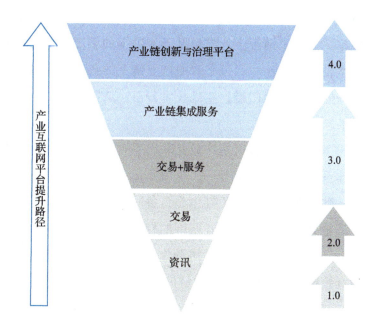

图 5-2　产业互联网平台提升路径

3.0 阶段的产业互联网才能够真正推动实体产业的转型升级，通过产业链的不断打通优化，通过服务的不断集成，从而为产业链上下游不断创造新的价值，带来新的商业体验，形成新的产业生态。在新的产业生态下，产业互联网平台通过不断标准化、规范化、完善、规范行业标准和规则，形成产业信用体系、产业链治理体系，从而逐渐向 4.0 阶段迈进，推动产业在有序规则下的竞争合作，形成持续、健康、稳定发展的新秩序。

笔者认为，产业互联网 3.0 的关键支柱如下：

- **产业能力**。产业能力的核心在于，通过将基因生物、物联网、大数据等技术应用于产业场景中，实现对产业场景中商业价值的挖掘，为产业中的企业带来原有产业中不具备的商业能力，通过升级后的商业能力给企业带来显著的效益提升，或在成本上大大降低。
- **技术赋能**。即通过产业互联网平台为产业链从业者提供的一系列技术赋能，如通过生产管理 SaaS 平台帮助中小制造企业提升生产管理效率，为中小销售企业提供基于大数据的精准营销能力，提升营销成本投入产出比。通过平台向产业链上的各参与主体进行技术赋能，降低技术使用门槛，实现技术普惠，从而提升产业链的整体技术水平。
- **金融服务**。供应链金融是产业互联网平台的标配，因为产业互联网服务体系的核心是四流合一，也就是商流、物流、信息流和资金流保持一致。四流中，最关键也是具备时间价值增值的是资金，因此供应链金融服务成为产业互联网的核心要素之一。供应链金融在产业供应链中将发挥对资金的协调作用，通过商流、物流、信息流之间的有效整合，提高产业供应链的整体协同性和响应性。

从一些调研机构和笔者的观察来看，大量平台运营不佳的原因主要有以下几方面：

- **不熟悉产业，对于产业的痛点和深层次的需求不能准确把握**。产业互联网平台的构建要素是产业基础，缺乏对产业的认知、理解与积淀，产业互联网无疑是空中楼阁。
- **用 ToC 的促销、优惠手段或行政手段，推动业务从线下发展到线上**。让平台在初始阶段有第一批种子用户来跑通业务闭环并验证模式的可行性，这个没有问题，但产业互联网平台如果不能通过产业链优化和增值服务为客户带来新的价值，仅仅切入交易是缺乏生命力的，很难持久。
- **主要依靠技术驱动来建设平台**。产业互联网缘自产业级的业务流程再造和产业链利益机制重构，如果不能充分考虑产业各参与主体的价值获得和利益机制，仅凭技术创新是不能带来平台的业务增量的。
- **通过线上服务代替线下服务**。产业互联网是企业对企业的服务，这种服务带有很强的O2O特征，必须做好线下的服务。如果仅仅是创建一个线上平台进行线上服务，缺乏对产业客户的线下深度接触和服务，不能线上线下融合打通，也无法形成可滚动发展的业务闭环。
- **忽视标准规范的建设**。产业级的流程和服务要实现规模化发展，一定依赖于每一个关键环节的业务标准的建立，需要通过数字平台来积累和发展生态化的标准服务能力。

笔者认为，当今真正能称为产业互联网平台的是淘宝，它在第三产业做到了跨行业、打通商业垂直领域，并逐步实现向上游制造端和下游物流端延展，构建起社会协同效应很强的产业级平台，而在其他产业中还没有出现达到这样规模和效应的平台。而要实现如淘宝这样的产业互联网平台，尤其是在第一、第二产业中，则将面临更大的问题和挑战。下节将对于在第一、二产业中如何构建产业互联网平台提出一些观点和思路。⊖

四、第一、第二产业互联网平台的建设思路

1. 产业互联网必然涉及线下场景升级改造

第一产业包括农业、林业、牧业和渔业等直接以自然物为生产对象的产业，第二产业包括制造业、采掘业、建筑业和公共工程、水电油气、医药制造等利用自然界和第一产业提供的基本材料进行加工处理的产业，这

⊖ 更多内容请参考浙江清华长三角研究院产业互联网研究中心等单位撰写的《2019产业互联网白皮书》。

两类产业都离不开大量的线下场景操作。人们可以在互联网上完全不需要任何线下场景而进行商品的交易、资金的往来，但不可能所有人都坐在电脑前或者拿着手机就把猪养好，把楼房和道路建设起来，这就导致了如果要在第一、第二产业中构建产业互联网平台，必须涉及跟线下场景的交互，而且这个交互相比线上场景所占的比重更大。而产业互联网的目的是将互联网技术融入产业中，推动产业的变革和升级，那就必然要对占更大比重的线下场景进行大量的升级改造，如果线下场景的用户体验没有本质的变化，就不能称为真正的升级换代，其中就会涉及智能硬件、物联网、空间等技术，所以相比纯线上的互联网平台，技术复杂度更高。

2. 产业互联网贯穿产业链的业务挑战大

不少第一产业的企业都有实现从"农场到餐桌"的产业平台梦想，从"农场"到"餐桌"的整个产业链中，涉及农业养殖、饲料加工、畜牧养殖、政府检疫、屠宰、商超等各个产业环节，每一个环节涉及的都是至少几千亿经济规模的行业，同时对应都有着成千上万的企业和组织，通过一个平台实现整个产业链的贯通，从业务复杂度和业务整合的角度来看，相比单纯营销端的垂直环节打通，挑战是呈几何倍数增加的。

同样，在第二产业的工程制造领域，从工程的规划、设计、施工和监理到养护环节，都包含着极其复杂的业务，任何一个环节都足够一些企业持续探索耕耘十几年甚至几十年。

所以要在第一、二产业中实现真正的产业互联网平台，对行业业务理解的全面性要求极高，有明显的业务短板则很难实现产业链的贯穿。笔者认为产业互联网平台是传统产业龙头企业的转型和进一步做大做强的时代机会，只有这些企业通过多年的业务沉淀和行业锤炼，才具备对这个行业本质的理解和优质资源的把控。互联网企业仅仅在局部环节（如社交、营销端、云平台）提供相应的价值，很难真正深入产业的内核和本质，可以在产业互联时代获取相应的收益，但真正的产业互联网的主导者一定是传统产业中的优秀企业。

3. 产业互联网平台一定具备极强的价值撬点

现在很多科技公司都冲入了传统行业，希望借助互联网模式和技术对传统产业进行升级改造，笔者认为单纯的商业模式或技术给传统产业带来的价值不足以引爆产业互联升级浪潮。以淘宝为例，淘宝实现了买家和卖家在互联网上进行交易的新一代商业模式，商业模式本身是没有太强的竞争壁垒的，淘宝能在众多的电商平台中突围而出，有阿里巴巴管理层的战略高度、组织力等原因，也存在一些社会和市场发展中的机遇性。笔者认为要在第一、第二产业中采用先进商业模式的方式撬动产业是远远不够的，因为商业模式在没有建立起壁垒时是很容易被复制和抄袭的，而且能给企业带来的价值和收益存在着不确定性，就比如不是所有的公司到淘宝、天猫或其他电商平台上开店就一定能挣到钱。商业模式会是产业升级的关键牵引力，但不会是核心助推器。

要推动产业升级，必须抓住这个产业中最本质的内核，为产业中的企业创造出新的商业价值，这不是采用商业模式对原有利益格局重新划分蛋糕，而是创造一个更大的蛋糕，即一个蓝海市场，让所有人受益才是产业互联网平台的正确发展方向。而平台在发展之初一定要具备给产业创造更大蛋糕的价值撬点，对目标企业和客户具有极强的吸引力，才有可能为平台后续的社会协同效应打下基础。

4. 产业互联网平台一定要产生产业协同效应

产业互联网平台一定不是一家企业做一个系统，期待有业务往来的企业来到这个系统进行传统的交易操作，这样的系统不具备任何活力和业务张力，也不会构建起任何竞争壁垒。产业互联网平台需要提供贯通产业链的业务整合能力，吸引大量同行业、产业环节中规模各异的企业都能入驻到平台上来，大家在平台上有各自的专业分工，彼此互为上下游，从中会出现不同于传统商业模式的新模式和新组织，甚至是对产业格局的重构，只有产生这样的产业协同效应，才能称之为平台。

如何吸引大量企业到平台上来是最为关键的问题，每一个行业的头部企业都有依托企业自身优势打造产业互联网平台的野心，或者稍有些业务规模的企业也不愿意将自己的业务绑定在某个平台上，同时都会担心企业业务数据的安全性，所以看到的现象是面向同样产业或行业的平台有好几个，各自为政，很难真正实现产业统一的产业级平台。归根结底，还是由于这些平台给企业带来的价值和收益没有足够的吸引力。

五、产业互联网平台必须具备的基础能力

综上所述，如果有企业纯粹希望通过线上模式构建产业互联网平台，那一定是一个错误的方向，如果没有对线下场景进行升级重构，给线下用户带来新的用户体验，是无法真正做到产业升级的，单靠如淘宝那样的新的商业模式或平台给予企业的价值收益不大、不确定时，是很难吸引企业加入平台的。所以笔者认为要打造产业互联网平台，应具备以下必要能力。

1. 具备撬动产业的核心价值点是基础

要吸引大量的企业到同一平台上来，特别是吸引那些行业内的头部企业，是一件异常困难的事情，原因不外乎企业担心将业务绑定在这个平台上可能带来的业务发展风险。业务数据都在平台上，如何保障平台在掌握这些数据后，不会给企业带来不可预知的威胁？平台上的功能大企业投入人力、成本也可以构建，单纯提供成本上的节约而冒前面所说的巨大风险，完全不值得。要破除这个阻碍，笔者认为产业互联网平台一定要能给这些企业带来不可抗拒的利益，即帮他们挣得足够收益，而不是提供那些需要

给客户反复证明平台价值、给客户带来的收益未知的功能。例如，明确告诉客户，甚至在合同中明确只要用了平台的功能，可以让企业利润增长 1 个亿，如果最后没有达到 1 个亿的收益，那么平台不收费，如果达到新增 1 个亿的收益，企业给平台 1000 万，这是合理的回报，也是真正的双赢。

相信很多平台和解决方案提供商都梦想着有底气签这样的合同，而要具备这种底气，就一定要能给客户企业带来那种"一针见血"的价值，挖掘这种价值点必然要解决这个行业中最关键的问题（绝大多数是长久以来的难点），只有解决了这些关键问题，才可能给企业带来显著的商业价值，这就要求平台或解决方案提供商具备极其深厚的行业沉淀，才能具备相比行业平均水平高出 等，甚至代差级别的能力。例如，笔者目前从事的畜牧业项目，影子科技将扬翔沉淀了十几年的养猪能力通过 FPF 产品对整个养猪行业输出，让更多的养猪企业能达到养猪成本每斤降低 0.8～1 元，按照每头猪的重量为 250 斤左右计算，也就是如果一年出栏 50 万头，则采用 FPF 产品后，企业一年将会增加 1.25 亿元左右的利润。相信在这样的利益回报下，没有多少企业还会关注数据安全（当然，平台自身不碰企业客户数据是底线）和行业地位的问题。

所以要想打造产业互联网平台，笔者认为平台方一定要能撬动产业的核心价值点，也就是让企业在使用了平台的能力后，真正给企业带来实打实的业务回报，而不是简单地提供管控、效率方面的工具，更不是所谓变革式的商业模式。那些寄希望于采用互联网技术打造产业互联网平台的纯科技公司成功的概率笔者认为几乎为 0，一定要具备对行业足够深的理解和能力沉淀才行，这些能力是企业所需要的，能通过平台赋能给企业并给企业带来足够利益，这才是打造产业互联网的基础。

2. 通过先进技术重构线下场景的能力

要在传统产业中真正创造价值，必然要围绕线下场景进行改造。如果只是单纯用电脑或手机的方式，给线下场景的用户提供的仅仅是数据展现和操作指导，并不能让线下操作者的工作效率得到本质的提升。而且现实中的情况是，平台为了采集到更多维度的数据，要求线下场景的操作人员在工作时操作手机或电脑输入各种数据。例如为了收集猪只在每个阶段更详细的体重信息，需要养殖工人频繁地进行称重操作并将体重数据通过电脑输入系统中，这样的方式反而给工作人员增加了更多的工作量，影响了实际工作效率，与科技能提升效率的目标背道而驰。

要利用互联网技术将线下场景的效率提升到一个更高的层次，这个效率不单单指一线工作人员的操作效率，也可能体现在线下场景的人员总体成本降低，或对关键业务数据获取提高效率，对线下场景的操作进行智能决策指导，最终的目的还是一个，让传统产业中的企业真正因为拥抱互联网得到切实的商业回报和收益，才能真正称之为产业升级。

3. 具备贯通产业链的业务扩展能力

单纯打通一个环节是很难构建起产业协同的生态平台的，要打造产业级平台就必须能支撑跨业务环节的业务扩展能力。同样以农牧业为例，从农场到餐桌的产业互联目标来看，这其中至少包含了上游的饲料、养殖场、屠宰场、销售市场、餐桌几个主要环节，每一个环节都有着足够的业务深度和行业壁垒。不可能有一家企业一开始就能在多个环节上都具备足够撬动该环节的硬核能力，往往都是利用自己最具竞争力的能力切入其中一个环节，在打通一个环节后，再利用在该环节争取到的资源和筹码去撬动环节的上下游。以此类推，逐步贯穿整个产业链，从而实现产业互联网的目标。

从技术的角度，就需要整个平台具备足够强大的业务扩展性，在平台向上下游延展覆盖的过程中能支撑快速发展和业务延展。同时，每一个加入平台的企业都或多或少有自己的个性化需求，平台如何在实现业务链业务互通的同时，还能支持企业的个性化扩展需求，这是很多平台企业发展的技术难点。而要实现产业互联网，就必须解决这个难题！

六、构建产业互联网的三大关键技术点

基于以上实现产业互联网所必需的能力，可推导出构建产业互联网的三大关键技术点：硬件、连接、中台。

1. 硬件

要实现线下场景的改造，必然依托智能硬件的力量！相比软件，硬件有让现实世界产生物理变化的特性，利用硬件，可以自动做很多以前需要人来做的事情，而且所做事情的稳定性、准确性相比人工更高。例如通过智能喂食器，可以根据猪只的状态动态调整喂食量，通过喂食器上的传感设备自动记录猪只每次进食的情况，再将这些数据传到云端的平台上，从而在达到精准饲喂目的的同时，无须工人调整喂食量或记录喂食情况，不仅将养殖工人从繁重的工作中解放出来，而且也能提升工作的准确度。

线下场景中的工作本质上是工作人员在一个空间中对某种物体的操作，例如在养猪场，养殖工人在猪舍对猪只进行相关的操作，在物流车间，物流工人对物品进行操作。产业互联网从本质上来说就是把线下场景搬到互联网的虚拟空间中。如何高效地将线下场景的变化映射到线上世界中？可以通过手机或者智能穿戴设备将线下场景中的人对应到互联网世界中的"人"；对于现实世界中的物，目前来看 RFID 是很好的技术手段，能直观、方便地表达物品在互联网世界中对应物品的标识和位置移动，这也同样属于硬件的范畴。

所以，只有通过硬件才能切实地给线下场景带来变革式的体验提升，才有可能重塑线下场景，实现产业升级。

2. 连接

在实际线下场景中，如果单纯离线式的硬件无法真正给用户带来除了提升效率之外更大的价值，那么只有借助云端的数据分析、算法实时指挥线下场景中的硬件，这些硬件才能拥有灵魂，才能给用户带来变革式的体验的价值。正如苹果手机，如果没有苹果应用商城带来的云端生态，只是像十几年前功能机的应用模式，就算外观和操作界面做得再好，也无法给用户带来如今的使用体验。上面智能喂食器的案例中，是因为云端保存了对应猪只的各种生理指标数据和喂食算法，将喂食算法转换为喂食器能识别的喂食指令，并通过平台与喂食器硬件的连接将指令传输给喂食器，最终喂食器才实现了对猪只的精准饲喂。

所以需要将云端的算法和线下场景中的硬件进行有机的结合，那平台自然就需要具备与这些硬件设备连接的能力，这需要5G和物联网！因为在传统产业中的线下场景里，还有很多网络不好的环境，如果数据反馈不及时，就会出现生产线故障或其他问题，为了保障硬件与云端的数据传输和指令交互的稳定性，5G将在这样的场景中发挥出独特的价值。

3. 中台

为了实现产业业务链的贯通以及让平台中隶属于不同行业、不同规模的企业用户具备个性化业务扩展的能力，就必须利用中台的架构和技术，将产业业务链中的公共、共享能力（包括业务功能、核心算法等）沉淀到中台，以数字赋能的方式提供给平台客户，让平台客户可以基于中台的共享能力进行个性化定制业务的扩展。

另外，产业互联网平台建设也一定不是同时在多个产业环节切入，以这样拉长战线的方式构建平台，必然会稀释战略资源，在业界从来就没有成功案例。而一定是从自身最能给客户带来商业价值的优势环节切入，采用局部打通再逐步延展的方式,这就需要基于中台架构构建起持续发展的运营体系。

小结

总的来说,要实现传统产业互联网平台,在业务和技术两个方面与淘宝这样纯线上业务的互联网平台相比有更高的要求:从业务角度,需要有撬动产业核心价值点的能力,这需要对产业中的业务(至少局部业务环节)有极深的业务沉淀和价值创造能力;从业务链路角度,产业互联网平台要贯穿更长、更复杂的业务链,所以对平台在业务广度方面有更高的要求;从技术角度,需要实现多业务环节的系统交互以及个性化扩展,同时还要与线下场景中百万甚至千万数量级别的智能硬件进行交互。所以产业互联网的平台建设在业务深度、广度、技术复杂度等各个方面都比传统企业数字化转型建设的难度大很多,其中困难重重,也充满未知。

目前,绝大多数企业的数字化转型还围绕着企业自身业务链进行数字升级,在此过程中对业务的深度沉淀和数字平台的建设,也将为产业互联网平台的发展打下基础。然而,有些行业头部企业已经开始进行产业互联网探索,说明这些企业真正有推动行业发展升级的情怀,这些企业几十年如一日地进行行业能力沉淀,有产业格局,勇于求变,这些企业的领导者不仅可称为企业家,还可称为产业家。我个人非常敬佩这样的产业家,正是由于各行各业中有这样有情怀、有格局、有能力、有魄力的产业家,才推动了人类社会和行业的发展。

CHAPTER 06

第六章

新零售数字化转型案例

鞋服行业一直以来是一个竞争非常激烈的行业,行业中的企业稍有掉队可能就会被淘汰出局,近十年来已经不乏失败的案例,前几年还如日中天的品牌企业,在短短几年间因为没有把握住市场发展态势,或没及时拥抱移动互动网时代而从市场上消失。这也造成了鞋服行业对于新思维、新技术的接受度在"吃穿住行"四个行业中要比其他行业高出不少,很多创新举措都是在鞋服行业中出现的,特步公司就是这一行业的典型代表,本章将介绍新零售企业标兵——特步公司数字化转型的历程,展现这家优秀的企业如何在竞争激烈的市场中不断进取,不断创新,保持旺盛的生命力。

一、特步公司业务发展历史与 IT 建设回顾

特步(中国)有限公司是香港特步(国际)全额控股的有限责任公司,企业创始于 1987 年。通过 20 多年的经营和发展,成为集鞋服配研发、制造、营销等为一体的体育用品专业运营商。特步公司的发展历程大致经历了如下三个阶段。

1. 品牌创立阶段（2002～2005年）

在品牌创立阶段，组织建立、品牌定位、商品研发、渠道建立、销售管理，等等，这些都需要一步一步建立起来，在这个阶段需要一边建立组织，一边拓展业务，体系化建设还没提到日程上。所以，这个阶段基本上是摸着石头过河，业务运营靠的是制度和规定，人员管理靠创业的激情和领导人的号召力和感召力。这个时候几乎不需要IT支持，需要激情与速度，一切都在变化中，一切都在快速发展中。其实，这种状态和业务的大小是直接关联的，这段时间特步公司的年营收在2亿～3亿元，靠人治也能管好业务，这也是大多数初创企业的特点。

2. 品牌高速发展阶段（2006～2010年）

特步公司要与领先的品牌进行差异化发展，在同行业中要求同存异，这必须快。要快速壮大自己，否则会就会被同行业领先品牌和同等规模的企业超越。求同存异是指，我们不能违背行业的发展基本规律做所谓的盲目创新，我们所做的运营创新、商品创新、渠道创新、零售创新都是基于行业的基本规则在进行差异化运作，这个时期的企业发展特点是高速发展，跑马圈地，扩大销售，让自己能活下来才能有机会甩开同行业的竞争对手并追赶行业领导品牌。

通过高速发展，特步公司体量越来越大的时候，靠经验、靠激情、靠领导号召力就有点力不从心了，这个时候感觉公司运营很乱，订单错误多，生产问题多，渠道问题多，零售问题多，总之，什么都是问题。这个时候特步公司就开始思考如何进行规范化治理了。

特步公司的第一个企业咨询项目提上了议事日程，想不到的是大家建议做一个IT咨询项目。在这个时候提出IT咨询项目就好像自己病了才想起找医生看看，我们当时是基于发展的困难才想到请一个咨询公司来诊断企业到底出了什么问题。在IT咨询过程中，咨询公司向公司高管提出两个问题：特步公司的品牌战略是什么？特步公司的运营战略是什么？上至老板，下至中层管理人员，每个人都答不出来。这次 IT 咨询让公司高层意识到企业发展不是靠爱拼才会赢、靠决心和勇气就可以一路勇往直前、靠摸着石头过河就能规避风险。

解决发展中的问题需要整体规划，战略布局，需要严谨的战略举措才能让企业走得更远。最终的结果是按照 50 亿的目标制定了特步公司第一个 5 年 IT 建设蓝图，如图 6-1 所示。

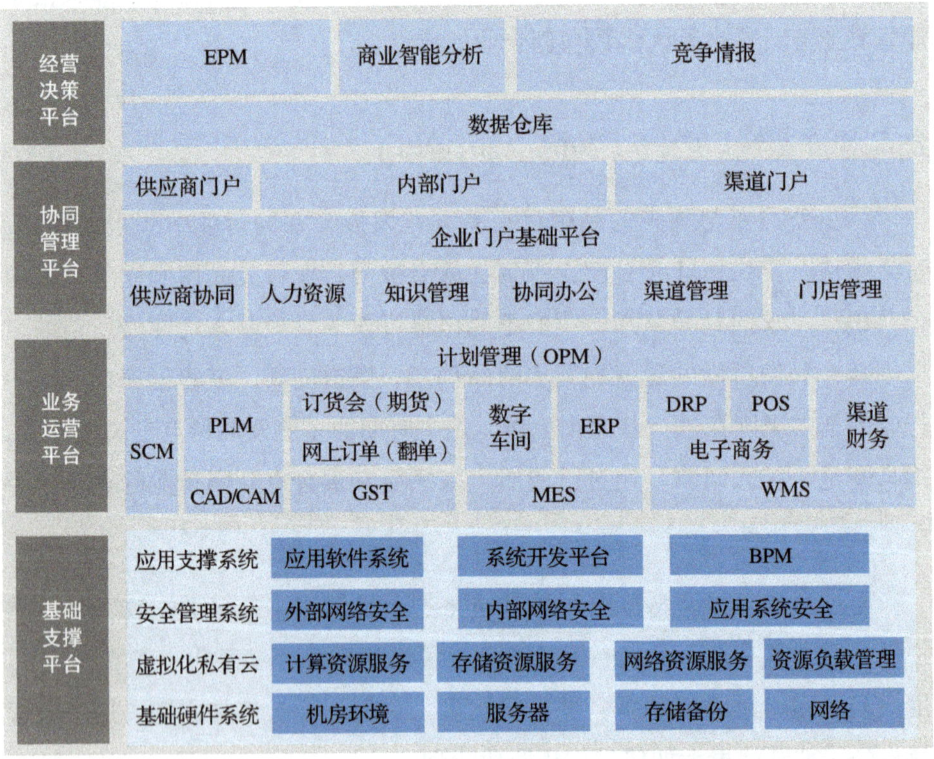

经营决策平台	EPM	商业智能分析		竞争情报	
	数据仓库				
协同管理平台	供应商门户	内部门户		渠道门户	
	企业门户基础平台				
	供应商协同	人力资源	知识管理	协同办公	渠道管理	门店管理
业务运营平台		计划管理（OPM）			
	SCM	PLM	订货会（期货）	数字车间	ERP	DRP	POS	渠道财务
			网上订单（翻单）			电子商务		
		CAD/CAM	GST	MES		WMS	
基础支撑平台	应用支撑系统	应用软件系统	系统开发平台		BPM	
	安全管理系统	外部网络安全	内部网络安全		应用系统安全	
	虚拟化私有云	计算资源服务	存储资源服务	网络资源服务	资源负载管理	
	基础硬件系统	机房环境	服务器	存储备份	网络	

图 6-1　特步公司第一个 5 年（2007~2012 年）IT 建设蓝图

通过强大的 IT 系统支撑企业发展，让企业在快速发展中有坚实的支撑工具来规避风险。通过这次的 IT 规划，也让企业最高掌门人认识到企业规范化运营的重要性和 IT 的重要性，也确定了 IT 在企业的重要作用及其战略位置。

为了确保IT蓝图能落地，并确保系统能有效支撑业务发展和运营，特步公司IT管理中心也规划了基于IT建设蓝图的IT架构运营管理体系，如图6-2所示。

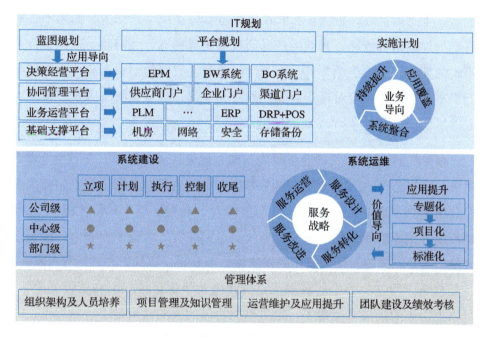

图6-2 特步公司的IT架构运营管理体系

在实现第一个5年IT建设蓝图的过程中，其实外部环境也在悄然发生变化。尤其从2009年开始，互联网的迅猛发展对传统服饰行业的发展带来明显的冲击，信息化建设在此过程中也根据企业实际情况不断做了调整。在实现IT蓝图的主攻方向上，2010年重点实施了SAP项目，该项目的实施对企业多年来的很多业务痛点进行了根治，对业务的规范化运营起到了很好的作用。比如订单合并与拆分、采购订单价格规范化、财务成本核算规范化，等等，在业务体系化建设方面前进了一大步。

另外一个IT重点建设方向就是渠道和分销零售信息化建设。品牌在高速发展阶段，特步公司的核心竞争能力就放在渠道建设和分销管理上，如何开疆拓土并做好前线的物质供应，这是特步公司在品牌高速发展阶段的第一要务。在渠道高速拓展阶段，全国分销零售系统的种类就有10个之多，非常杂乱，根本无法清晰地了解门店的销售状况。经销商拒绝用特步公司的分销零售系统主要有两个原因：不想让你知道我的家底，可以延迟汇款；生意那么好，折腾什么？没空！特步公司决策层知道，如果不了解终端的详细销售情况，我们的产品研发就是凭感觉，凭经验。这也是批发模式的弊端，不关注消费者，而关注经销商。我们的消费者有什么特征我们根本不知道，恰恰对这些问题的思考与忧虑，给后面的品牌发展带来巨大的机会。

在传统IT时代，关键业务优先，痛点优先，大多都是一个一个地建设系统，特步公司的IT系统建设也一样，只能想方设法给每一家经销商去更换分销系统。这个工作连续推动了近10年，花费了巨大代价才把35家经销商的分销零售系统统一成一套系统。虽然花费了大量人力物力，但是广大经销商并不领情，认为我们的系统慢、不好用，信息中心真是有苦难言，备受打击。但这些工作的成果是至少让企业清楚渠道状况和销售状况了，可以把门店的销售弄清楚了，也可以把货品的去向弄清楚了，品牌批发时代这点功能足以支撑关键业务了。但是，对于零售来说，系统的功能和应用离业务发展还差得很远！

3. 互联网带来冲击的阶段（2010~2014年）

特步公司第一个5年IT建设蓝图在2012年基本完成后，该有的都有了，不该有的也有了，所谓不该有的是指当初在规划中没有的移动应用，如PDA订货系统、门店管家App、基础云架构等。在信息化建设方面，按照战略规划稳步推进，不断进行业务的协同、数据的共享应用、体系化建设等。企业也明显感受到信息化带来的价值，大家携手共进，一切都好！特别是在2008年的那场金融危机中，特步公司几乎毫发无损，并且依然保持30%以上的高增长，业绩亮眼。

正所谓暴风雨是在风平浪静之中孕育的，从2010年9月开始，特步公司的销售额急剧下滑。不仅是特步公司，几乎所有的体育品牌都一样，又一场金融危机在悄悄发生，整个中国市场开始发生经济衰退。受到第一波冲击的是门店，遍布中国1~5线城市，甚至乡镇的体育品牌门店最先感受到寒冬。大家起初惊慌失措，然后镇定下来开始思考对策。

从2012年面对市场衰退，到2013年开始制定新的战略举措，特步公司再次开启了变革之路，包含了组织、渠道、供应链、商品、零售等多个方面。业务部门在"前进—后退—试错—再前进"中反复折腾，不亦乐乎，企业最终确定的战略举措只是改变两个字——"批发"转"零售"。

这个时候惨的是企业职能部门，如财务、人力资源、行政后勤，而最惨的就是IT部门了。要知道IT系统是根据规划经过多年建设起来的，是用无数行代码累积起来的。战略的调整带来业务组织大规模的调整，组织职能要重新定位，运营体系要调整或者优化，几乎整个企业都陷入了凌乱状态。业务说"我们要做O2O"，供应链说"我们要做柔性供应链"，零售说"我们要做智能零售"，财务说"我们要做共享财务"，人力资源说"我们要做服务型人力资源平台"，行政说"我们要做智慧型行政服务"……IT说："我要崩溃了！"这就是企业在变革中IT部门的窘境和无奈。到处都是要变革，要创新，IT部门每天听到的就是"我明天就要""IT，这个月能不能搞定？"……这个时候IT部门的价值是最"突出"的，IT部门的存在感是最强的，这个时候IT部门也是能被所有部门"踢"的。这就是IT部门面对的企业变革的真实场景，相信大多数企业都是一样，尤其是传统企业。

传统企业最大的特点就是部门之间相互协同，关系复杂，沟通成本极高，市场上反映出来的就是商品同质化高，企业核心能力不强。这几乎成为共性问题。IT部门怎么办？是等待，还是要资源，讲道理，说理由？这些没有人会听的。因为不变就等于挨打，求变是每个人的真实想法。

与此同时，在线下传统渠道忙着改革的时候，企业电商业务部门一路高唱凯歌，并喊出了"我们要吃掉线下，我们要合并线下，我们要整合线下"的口号。从 2010 年开始，线上生意几乎是每年 100% 地增长，的确给线下带来严重冲击和思想上的混乱。大家感觉电商才是主流，电商才是发展的重点，整个公司的天平也自然向电商倾斜。但最近两年，电商流量增长放缓，各个商家的产品在同质化和店铺运营手段差别不大的情况下，为获得规模效应，流量被抢得越来越贵，商品价格被"杀"得越来越低，仓库里的库存也一天比一天多，企业发现这是"只赚吆喝，不赚钱"。可以说，品牌企业对电商既寄予厚望，又对现有粗放式经营的情况忧心忡忡。

还好，总有一群聪明的人能洞察事物的本质，无论线上线下，都只不过是一个渠道而已，都是为消费者服务的一个窗口。无论世界怎么变，商业的本质不会变，俗话说："分久必合，合久必分。"当 1+1>2 的时候，一定会和。从 2015 年开始，特步公司的战略方向重新定位："做好全渠道，建设柔性供应链，真诚服务消费者"。

二、对 IT 建设的感悟

上面讲述了特步公司从 2002 年到 2014 年间的发展历程和变革过程中的一些事情，我想说明的是，企业 IT 部门最大的难点和痛点就是在业务发生急剧变革的时候，不能及时并高效地满足业务的需求，导致业务没有 IT 部门高效、快速的支撑，很难进行持续、稳定的发展。在业务变革过程中，IT 往往滞后于业务很长时间，因为传统 IT 架构是系统紧耦合的，功能拆分困难。就像一栋大楼，每层楼按照设计要求建设、装修好之后，如果要改变这栋楼的用途或者每层楼的用途，需要对楼层大动干戈，拆掉很多原有的建筑重新装修，这些都需要时间和成本。但是，业务是不能等待的，这个时候 IT 部门和业务部门的矛盾就会直接爆发出来。业务部门在企业内有天然的话语权，这个时候倒霉的就是 IT 部门了，这也是目前我看到很多 IT 部门主管不断在跳槽，IT 部门不断被业务部门打压的真实原因。说白了就是 IT 部门始终在业务的发展过程中处于被动角色,没有太多的话语权,既不能影响业务的变化,也改变不了业务的运营模式。IT 部门好像是修房子的建材,仅仅起到支撑作用,在业务快速变化的过程中,这些建材又支撑不了业务,感觉是累赘,严重拖了业务的后腿。

不怪 IT 部门不作为,因为世界上的 IT 系统大多都是这样建设的。一个企业的业务模式和运营体系稳定性和连续性好,IT 部门一般都做得比较顺;如果遇到业务部门大改革,IT 部门就有点力不从心了,这是因为企业 IT 架构决定了 IT 部门的能力伸缩性。我辩解这点是想对大家说,根据传统的 IT 规划建设的 IT 系统面对组织的变化、业务模式的调整,IT 系统的变化是滞后的,会拖累业务的变革。这就需要 IT 部门从建设上、架构上进行变革,这一点业务部门要理解,抱怨、指责都没用,只有从 IT 战略上进行变革才能打破这个瓶颈,解开这个魔咒。

面对特步公司 IT 部门当时的工作场景,我们痛定思痛,我们需要变革。我们需要让 IT 系统变得敏捷、有伸缩性,这样才能快速支撑业务的变化和各种复杂需求,这也是特步公司 IT 部门要坚定不移地走互联网架构这条路的根本原因。宁愿当改革路上的"烈士",也不能让 IT 人在指责中"死"去,这至少是我们大多数人的态度。IT 部门到底怎样做才能把技术活儿变成管理活儿和业务活儿呢?"让 IT 产生业务价值!"这是我们在业务变革过程中始终思考的问题。

三、特步公司 IT 变革与创新的过程

1. 艰难的抉择和思想统一

剧烈的业务变化让 IT 部门始终处于被动的局面,如何扭转这个局面是我们每个 IT 人员都在苦思冥想的问题。在与众多同行业人员交流的过程中,大家几乎都处于这种状态,一定要找到突破口!

2015年10月，特步公司IT中心花了两个多月时间对所有系统进行评估，业务呼声最高、反响最强烈的有两个系统：花10年精力建设的"分销零售系统"和与每个人都息息相关的"OA系统"。对于分销零售系统，在2014年特步公司就曾经邀请过国内外几家知名厂商过来介绍产品，经过仔细评估，我们认为这些产品还是不能满足特步公司未来发展的需要，这些厂商的产品采用的都是传统架构，笨重、不灵活、运维工作量大、实施复杂，这与特步公司对产品敏捷、弹性的要求相去甚远。我们当时想，只要企业有需要，一定会有出类拔萃的厂商产出一个符合企业长远发展目标的产品，于是打算再耐心等一等。现在，企业的变革已经如火如荼地展开，原来的分销零售系统已经变成了业务的负担，大家一致要求立即换掉。是穿新鞋走老路，还是打造一个全新的平台？做出决策已经迫在眉睫。

就在大家一筹莫展的时候，从苏州同行那里传来一个朋友的声音，他们正在基于阿里巴巴集团的中台架构重构分销零售系统。带着疑问派人去苏州进行了交流，反馈的信息令人激动，也是我们期许已久的。在与阿里巴巴集团的技术团队多次深入交流后，我们逐渐明白了阿里巴巴集团的技术架构是怎样和业务系统进行匹配、融合的；互联网企业的变与不变是怎样的，原来很多根本想不清、弄不懂的疑问在交流中得到了很好的解析。所谓敏捷架构，以不变应万变，不就是中台这样的架构吗？

但是，企业构建中台不是一件小事，需要领导支持才能开始这个伟大的事业。于是，我们又聘请外部IT咨询公司花了一个多月的时间给目前的信息化建设进行"诊脉"，把现状和需要改善的业务痛点做了仔细调研和分析，并针对未来特步公司的发展战略重新做了5年IT规划。这是必要的，专业的公司做专业的事情，只有经过充分论证，缜密规划，合理布局，才能走好未来具有挑战的IT建设之路；只有用科学的规划和论证才能争取领导和业务部门的支持。基于互联网架构的IT规划建设汇报开始了，最后临门一脚的汇报无疑是最关键的，可惜效果很糟糕。在汇报的时候，5个人先后上去用了不同的维度、不同的概念、不同的术语把大家弄糊涂了。另外，邀请来的评估团（3个博士、2个硕士）也给予了谨慎的建议，企业要搞这么大的项目，并且是自己开发，在国内的企业中没看到成功的先例，风险怎么控制？完了！满怀的信心遭遇了无数的质疑。

但在这种形势下，只能前进，不能后退，既然没有退路，何不放手一搏？想好说辞，找老板去争取项目开工。在这里，我要说，我们有幸遇到一位有格局的老板。前面已经陈述过，进行第一次IT战略规划的时候，IT的作用已经深深地烙印在老板的心中，老板对IT部门的支持向来是坚定不移和持之以恒的。在找老板争取项目立项时，没想到老板的态度非常明确：可以做，但要快，也要控制风险。同在一旁的电商总经理也给予了大力支持，反复说明互联网思想是融合在互联网架构上的，要把互联网的思想植入特步公司才能推动业务发展。公司总裁与阿里巴巴集团签完中台建设的合同后，我们反而觉得压力巨大，信任不是钱可以买来的，上千万的项目寄托的是信任，这个项目只能成功不能失败。

2. 全渠道平台作为中台的原点项目

很多品牌企业有线上（多个平台）、线下（无数个卖场、连锁店）各种各样的销售渠道，在割裂的市场情况下，每个渠道背后都有一套供应链管理体系，也都有一套库存。所以这些品牌企业要面对多个渠道、多个供应链、多个库存，工作非常没有效率。

特步公司也存在类似的问题，并开始考虑将各个渠道的商品、会员、库存、订单、服务等数据打通，实现在任何时间、任何地点，为任何顾客提供他们所需要的服务。全渠道打通数据带来的业务价值相当可观：

- 分公司、经销商、门店等下游伙伴的库存数据得到共享，可以整合多方需求做预测，预测精度高，安全库存低（因为不同方需求变动可能互相抵消），可以避免多重预测，减少信息的人为扭曲，有利于制定合理的供应链计划。

- 分销网络终端利用在线的实时库存数据，能给消费者提供更丰富的产品款式和数量。门店缺货是零售连锁业态经常发生的状况，当消费者不能在某个门店买到中意的商品时，不光是该门店，甚至整个品牌都将面临消费者流失的风险。
- 商品的移动、存储意味着成本，移动距离越远，中转点越多，存储时间越长，意味着运输、仓储、库存的成本也越高。通过信息流代替实物的库存，让库存商品在更多的渠道得到展示，增加销售机会。就近发货，客户收到订货所需的时间更短，不仅有利于提升消费者的购物体验，而且有利于降低产品的储存和运输的成本，减少产品的存货时间，提高资金利用率。

全渠道交付方式是指，消费者不管是在线上的电商平台还是在线下门店购买商品（包括商品缺货）时，都能通过商品的全局库存分布，寻找到客户收货最及时、物流运输成本最低的订单配送方案，如图6-3所示。

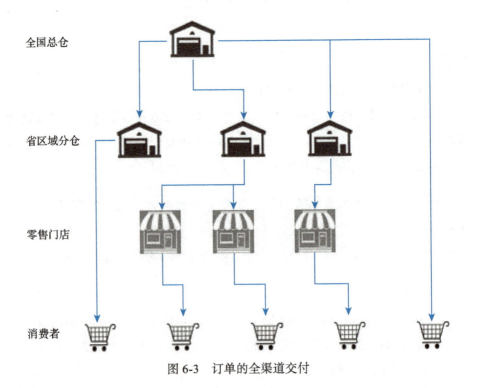

图6-3　订单的全渠道交付

例如，可以从全国总仓直接给消费者发货，也可以从省区域分仓给消费者发货，还可以从离消费者收货地址最近的零售门店（首先该门店库存满足订单数量和品类要求）发货，这样在提升用户体验的同时，也能将企业的物流运输成本降到合理范围。通常来说，全渠道订单的实现方式如下：

- **打通货品**。汇集所有线上线下的库存数据，建立灵活的库存模型，实现跨平台的库存可视和实时同步。
- **打通会员**。线上线下都能够获得统一的会员积分和一致的会员权益。
- **打通订单**。多渠道的订单归集，构建订单的库存匹配和仓库派发逻辑，例如支持就近原则，也支持就全原则、库存深度、销售效率、店铺负载、利润系数、物流效率等多种订单分派规则。
- **打通利益**。订单的跨渠道结算规则，建立零售体系中相关方（顾客归属方、销售方、收款方与发货方等）的权益分配机制，实现线下与电商的利益共享，提高品牌收益。
- **跨仓/店的发货能力**。包括从仓库发货、从门店发货、发货至门店、门店自提等。

特步公司正是瞄准了全渠道平台给企业带来的价值，将全渠道平台项目作为中台建设的原点项目。

3. 全渠道中台项目的建设历程

2016年9月开学季，特步公司全渠道项目启动了，之所以叫全渠道项目，表明我们以后不要把线上和线下分得那么清，我们要实现业务融合，平台共建，资源共享，线上线下要共赢。我们在9月13日成立了项目组。

开发过程写出来异常简单，而真实过程是复杂的、艰苦的，有很多值得总结的地方。前面已经说过了，很多人都是带着怀疑的目光在看待这件事。中台怎么设计？价值如何体现？如何评估？我们都是一头雾水，都在等阿里巴巴集团给答案呢！在项目推动过程中，首先要弄清楚我们要做什么、怎么做、谁来做。阿里巴巴集团技术团队对项目组全体成员进行了为期一周的培训，大家总算弄清楚了什么叫中台，什么是服务中心，如何设计服务中心。在项目进行的前两个月，我总感觉进度过于缓慢，现在来看很正常。对于这么大的项目，从未接触过的技术，要做什么，大家还很陌生，规范化项目管理的条条框框多，大家非常不习惯。

中台的服务中心做哪些内容，自己公司的人都不清楚，阿里巴巴集团公司技术团队也需要详细了解业务特点才能确定目标；特步公司IT人员需要被引导和接受培训。经过两个月的磨合，总算搞清楚了特步公司的业务特点，服务中心开始进行设计，经过一个月的设计，搭建起了特步公司的服务中心基础开发框架。

经过了半年的开发，其实很多项目成员对服务中心怎么服务业务，怎么创新业务，业务场景应该如何去设计，还是有点迷糊。大家知道这个方向是对的，但怎么做好，大家心里没底，这也是我最担心的地方和高度关注的风险点。因为弄不好的话不仅不能提供共享服务，反而对正常业务的支撑都有困难，这就麻烦了。另外，系统成功上线后有一个很重要的目标，就是我们要快速迭代系统，如果做不到快速迭代，我们的敏捷和柔性就失去了意义，就沦为传统架构的应用系统了。

我们要达到的关键目标是：系统架构创新、业务创新；我们要做好共享服务中心，不断沉淀特步公司的业务标准并给合作伙伴赋能。这两个目标是我们最核心的项目目标，一定要实现，这也是两个最大的风险点，必须实时关注。我们构建的全渠道中台整体架构如图6-4所示。

特步公司实现全渠道零售中台的步骤是，先将原有的线下分销系统和门店零售POS系统的功能迁移到中台架构上，打造出第一批订单、库存、结算、会员、渠道等共享服务中心。这次线下系统的改造升级，解决了原有分销系统和POS系统只能每天同步一次数据的不足，提升了供应链实时可视性，为全渠道业务的开展打下了基础。对于业务部门的人员来说，最大的变化是使用新线下系统后，工作效率提升了，可以快速地查询全部门店的库存，原来开单需要十几分钟，现在几秒钟就可以完成。

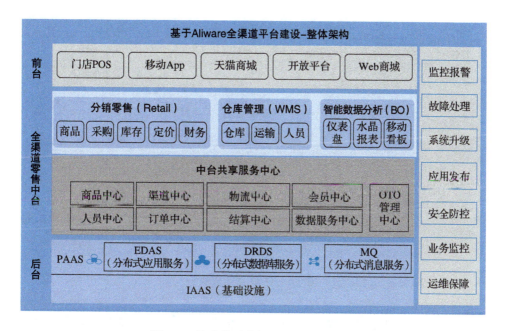

图6-4　特步公司全渠道中台业务蓝图

事实证明，我们对中台的整个实施路径是对的。服务中心一多，就会把业务逻辑弄复杂，我们先把业务核心功能做出来，然后再展开，后面的工作就会轻松很多了。在对新技术架构还不是很熟悉，服务中心业务场景还在设计和优化的时候，就盲目地把所有想做的功能一同展开，很容易把项目带入汪洋大海中，让大家找不到方向。

在实施项目的过程中，项目组成员充分沟通，协同非常出色，但是这还不够，主要是项目组成员没有完全从深度上充分了解业务需求，这为后面的上线带来很多隐患。线下分销系统和POS系统成功上线后，项目组正式启动O2O系统的建设，这是特步公司正在推动的业务创新模式。如果中台上没有O2O功能，本次项目就是一个基于传统分销零售业务的项目，对线上线下融合方面的帮助不大，对特步公司的战略变革支撑作用也不大。

所以，无论如何要把 O2O 做出来，并且要能在 2017 年的"双 11"中发挥威力，这是 O2O 项目的核心目标。O2O 功能模块如图 6-5 所示。

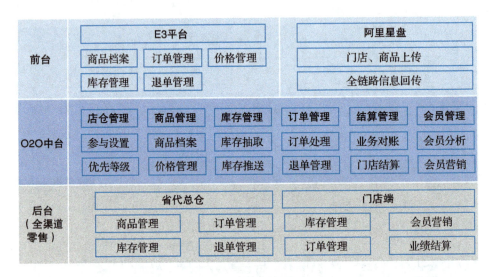

图 6-5　O2O 功能模块图

2017 年 7 月 1 日 O2O 项目正式开始了，项目组经过大半年的磨合，对阿里中间件更加了解，对服务中心的设计效率提高了很多。利用共享服务中心已有的几个服务，经过 2 个月的开发，2017 年 9 月份 O2O 系统封版，经过 1 个月的测试和试运行，10 月 10 日正式上线运行。值得一提的是，数据天然的集中、统一和共享，不再需要对线上和线下两套不同的应用系统打通数据，解决了实时性和流程协同性问题。

在 O2O 系统上线的同时，项目组又与一家软件供应商一起基于中台完成了全渠道仓库管理系统（WMS）。全国各地区域仓库运行后，除了能完成传统的给门店配发货的 B2B 订单外，还可以发货给消费者的 B2C 订单，由区域仓库替代门店执行全渠道 B2C 订单发货。一方面，原有门店发货的培训成本高，占用导购时间，快递成本高，退换货处理难等问题得到改善；另一方面，门店也不用再备过多的货品。区域仓库调整为线上线下和存货一体化的仓库，还可作为电商前置仓，加快 B2C 订单的配送时效，通过存货和拣选不同的订单策略组合可以提高拣选效率。后续还可通过灵活的越库作业等各种物流优化手段进一步降低仓库总面积，精简作业人员，加快铺货、交付消费者等。

以上是特步公司基于中台进行全渠道中台建设的历程，到目前已经有多套系统构建在特步公司的中台架构之上并运行，包括分销平台、POS 系统、O2O、WMS、CRM、店铺生命周期管理系统，业务实时联动带来的业务全局优化，在业务的快速响应和创新业务支持力度上有了本质的提升，成为行业内"IT 驱动业务"真正的践行者。

四、项目总结

1. 系统上线后所发生的问题

时间拉回到第一期分销平台和 POS 系统上线时，历经 8 个月开发（排除春节和节假日），2017 年 5 月，产品终于封版，接下来就是上战场检验我们的"核武器"威力的时候了。2017 年 6 月 6 日，这是一个吉利的日子，也是痛苦的一天。30 人的队伍浩浩荡荡开赴特步公司泉厦直营分公司，为 80 多家门店的店长、核心导购做上线培训。

动员大会上大家信心满满，激情四射，为了让大家有身临其境的感受，这次培训还租借了 50 多台笔记本电脑来进行现场操作。该做的都做了，一声令下，上线！接着迎来了无数反馈：系统打开某个报表好慢呀，数据错了呀，机器卡死了，库存不准确，报表不准……崩溃！我们用一个正在运行中的门店做了一周的测试，能发现的问题都解决了，为什么全面上线就会有这么多问题呢？在 IT 规划大会上大家的担心看来不是没有道理的，这些令人担心的问题真的出现了。

事后复盘发现，80 个人发现的问题与在一个门店测试发现的还是有差异的，每个人的操作习惯不一样，每个人看报表的习惯不一样，每个人的关注点也不一样。所以，全面上线后出现的问题点和频率就不同了，这是我们事前没有料到的。为了让用户对系统有亲切感，不陌生，新系统的界面风格、每个界面按键几乎都和老系统一模一样，为的就是降低培训难度和风险，让员工们更快地适应新的系统。

所收集的问题数量从第一天的116个到一周后的387个，30多人昼夜工作在现场解决问题。一个月过去了，系统逐步稳定下来，每天钉钉群的呼叫声逐步平静了。大家开始复盘反思，为什么会这样？事后大家总结了如下两条关键因素。

（1）测试人员基于自己的理解做的测试用例是不完整的

我们比操作人员理性很多，把感性的因素都排除了。所以，我们认为不是问题的问题在门店操作人员看来就是大问题。比如收银的时候，顾客需要少5元才买，原来是不能修改单价的，因为这5元可能一个单子就要泡汤，导购需要修改价格的权限，仅仅是5元的权限！十几个门店大呼生意没法做了！在领导看来天塌下来了，这是什么！生意都不能做，停下来！大家顿时压力剧增。现在，这个简单的例子在我们看来是不合规的，但是，生意就是生意，我们是为门店做生意而服务的！所以，在测试的时候应该让最不熟悉系统的新人和最熟悉系统的门店人员参与进来测试，范围越广，测试的颗粒度就越高，问题暴露得才越彻底。这是教训之一。

（2）很多需求需要调整服务中心，这个是最致命的

现在，我要好好把当初最担心的事情说一说了。到底什么是服务中心？服务中心怎么做？现在总算弄明白了。在鞋服行业，服务中心就是按照业务运作模式，把关键业务里程碑划分出来，按照关键业务里程碑把业务从开始到结束的业务流程梳理出来，把稳定不变的"业务流程"进行梳理并标准化，把与业务流程相关的变化业务特征一一分析出来。

这里我先举一个例子。全渠道经销商，总代理的"采购订单"管理业务流程是：数据分析→采购订单制作→审核提交订单（数量—价格—交期）→客户订单调整管理（数量—交期—价格等）→订单交期跟踪（生产进度—入库时间—物流发货等）→采购订单接收→订单关闭。无论是线上还是线下，采购订单最基本的业务操作流程至少80%是相同的。不同的地方也只有20%左右，如图6-6所示。

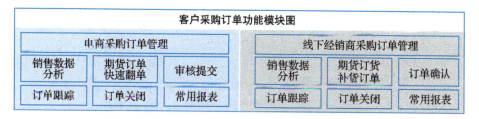

图6-6 电商（线上）和线下的"采购订单管理"功能模块对比

差异在于：电商（线上）和线下经销商在制作采购订单时数据分析的维度有差异，订单跟踪的维度有差异，订单关闭的规定不一样，报表的内容有差异。最大的共性就是每个关键业务的相似度都很高，如制作采购订单的操作方法，订单内容几乎相同。

如果我们把差异找出来，并且把有差异的部分变成个性化的业务流程，然后与固定的业务结合，我们的系统是不是就灵活很多呢？即使是业务个性化，我们在IT系统上要改变的就是个性化的那一部分，是不是就简单多了？分析之后，我们把"采购订单"共享服务化能力提取出来，如图6-7所示。

在这一点上我发现我们做得还不够好，在开始的时候我们没有把相同业务类别的业务分类分清楚，把有些不相关的业务也放入了服务中心，导致在上线运维过程中如果涉及服务中心的优化，往往需要花费大量时间和精力去调整与共享服务中心相关的代码。所以，我们在2018年对服务中心做了二次诊断和优化，把同一类别的业务进行了科学分类和简化，现在系统运维工作更加简单、容易。业务部门的需求往往每天都可以迭代，需求少的时候每周迭代一次，这在过去几乎是不可想象的。

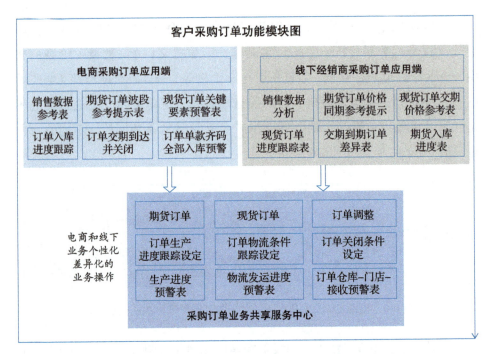

图 6-7 "采购订单"共享服务能力沉淀

我们不仅能快速满足业务需求，而且能把最新的业务最佳实践变成微服务增加到共享服务中心，让服务中心更强大，变得更有前瞻性，变被动为主动。比如过去我们把订单分成现货和期货。由于不同订单在业务部门操作时需要个性化操作，在应用端就不断开发一些功能，我们仔细分析了众多企业的订单类型后把订单类型单独做成一个微服务，把订单分成现货和期货OEM、ODM、FOB 订单，每种类型订单需要的标准字段可灵活配置，这样应用端就不再为个性化需求做一些个性化的开发，运维中心只需要把服务中心现有的功能做一个配置并下发给需求方就可以操作使用，方便简单。

2. 全渠道中台上线后给特步公司带来的收益和价值

由于全渠道中台共享服务中心建立之后运维便捷，特步公司在为 7500 家门店上线的时候仅仅需要半年，过去为同样的门店服务至少需要 8 年以上才能完成。另外，特步公司41家分公司的100多名IT人员过去大多数时间都在奔波处理系统琐碎问题，现在凡是关于系统本身的运维问题几乎可以忽略不管，门店直接把问题通过终端抛给运维中心，由运维中心直接处理完成，同时，这种问题也不多。关于系统性能问题、数据问题，系统后台往往都能自动跟踪预警，运维人员提前就能干预。这就是传统架构与互联网架构在运维过程中的本质区别，大大降低了运维的难度和IT人员的工作量。

特步公司全渠道中台在2017年的"双11"购物节也发挥了巨大作用，过去"双11"订单需要电商全力以赴提前几个月时间进行备货，耗时、耗力、耗资金。现在由于线上线下实现了五通：会员通、库存通、订单通、物流通、结算通，"双11"的备货就变得简单了，线下的门店如果愿意和天猫合作，只需要把O2O库存共享权限打开，线下的货品就能自动共享给天猫商城，线上订单就可以根据"先就全，后就近"原则，把订单匹配给线下离消费者最近的门店，然后把订单自动抛给阿里公司物流中台，再由阿里星盘把订单匹配给消费者最近的物流公司。2017年"双11"当天的22万张O2O订单，通过O2O系统在12日下午5点全部发送出去，不仅大大提升了发货速度，而且35%的订单是同城配送，物流费用也大大降低。很多没有和电商进行O2O的门店看到这样的效率也觉得不可思议，随后纷纷主动加入O2O的队伍中。这不仅体现了中台的威力，更体现了科学技术是第一生产力，一个技术的创新就能改变业务的运营效率和服务质量，大大提升了消费者的体验和满意度，这在过去是难以想象的。

通过这次全渠道中台项目的建设，特步公司不仅在IT建设上有了全新的思路和想法，而且改变了IT人员的工作习惯和开发思维。过去，按部就班地建设一个个烟囱式系统，对一个个系统反复进行整合、拆分，不断重复昨天的故事，枯燥、无聊。现在，大家想的是能不能做成服务中心共享？业务场景是这样的吗？服务中心业务哪些是稳定不变的，不稳定的业务因素是什么？开发人员过去仅仅是业务部门需求忠实的执行者，现在是业务创新的研究者，真正把 IT 技术与业务融合在一起的最佳实践者。不仅拓展了 IT 人员的格局，也大幅度拓宽了 IT 人员的业务广度以及对业务钻取的深度。让 IT 产生业务价值这句有点务虚的话变得可感知，可衡量，可评估，这不正是 IT 这个工具持之以恒要达到的目的吗！

经过历时 2 年多的建设，特步公司全渠道中台对业务的价值也越来越受到业务部门的肯定和好评，2017 年特步公司全渠道业务中台被评为集团总裁特别奖，大家备受鼓舞。在 2018 年我们又建设了会员服务中心、物流服务中心、渠道服务中心、HR 服务中心。平台的功能越来越强大，为合作伙伴赋能的能力越来越强。当线上和线下融合得越来越紧密的时候，消费者对供应链的要求也越来越高，要求能及时提供他们喜欢的产品和服务，这需要我们打造一个更加丰富多彩的伙伴服务生态圈。我认为，所有这些功能靠传统的 IT 架构是很难实现的，我们需要不断利用互联网思维去创新我们的建设思路，利用阿里中台去实现我们的服务中心，为生态圈伙伴赋能。大家一起去共建、共享，才能共赢，这是我们接下来要做的事情，也是具有挑战意义的事情。

新零售的闸门已经开启，谁能洞察消费者诉求，谁能及时满足消费者，谁就是新零售时代的王者。我们有强大的互联网平台，有丰富的消费者数据，有创新思维，有一群勇于实践的 IT 开拓者，有强大的阿里技术的支持，我们一定会再创佳绩，体现行业价值、企业价值、个人价值。

第七章
产业互联网平台案例

随着传统产业中越来越多"产业家"的出现,产业互联网也成为行业头部企业数字化转型的目标,这些"产业家"带领各自的企业,利用对产业的理解和多年的行业沉淀,通过互联网技术开启了产业互联网平台(简称产业平台)的探索之路。这个过程充满了未知和挑战,需要企业有足够的战略眼光和耐心,在探索中进行调整,在解决问题的过程中成长。产业互联网对于传统企业,特别是头部企业来说,是一个千载难逢的机遇,不同的人会选择不同的方式把握这个机遇。

本章主要介绍一家农业养殖企业向产业互联网转型的历程,从中可以看到建设产业平台需要怎样的战略定位和如何利用企业优势进行平台建设,包括建设过程中所面对的业务和技术复杂性、组织人才方面的各种挑战,以及如何克服这些困难走向平台发展正轨。

一、影子科技的发展战略

影子科技有限公司自 2017 年年底成立,就将"实现从农场到餐桌的产业互联网智能连接"作为公司发展的使命与战略。从农场到餐桌整个产业链条包含了以下几个主要环节：农场→饲料→养殖场→交易流通→屠宰场→超市→餐桌。

粗略地从这条产业链的各个环节来看，每个环节都有成千上万的大小企业，单个环节的市场规模在千亿到万亿之间，有些环节还涉及政府监管部门，所以要实现这条产业链的贯通，在业务复杂度、运营推广和技术难度各个方面都具有极大的挑战性和不确定性。而且在全球范围内也没有可借鉴的平台建设经验，需要影子科技在探索中寻找正确的道路。

要实现产业互联网平台，有两个基本的要素：一是要具备行业核心商业价值创造的能力，否则产业链上的客户或者上下游企业是没有太大意愿到平台上来的；二是要具备极强的战略布局和发展节奏把控能力，因为不可能一开始就从整个业务链全局切入，如果战线拉得太长，最终一定会导致哪个环节都做不精、做不透，平台发展很容易走入目标迷失，无从突破的境地。所以寻找各个环节的关键价值切入点是最关键的任务，影子科技依托扬翔集团十几年来在养猪行业的深厚沉淀，以生猪养殖作为产业平台建设的第一步，再逐步对上下游的饲料和交易流通等环节延展业务链。按照这个思路，影子科技已经实现了生猪生产养殖的产品建设，同时协助政府监管部门进行养殖场、交易流通、屠宰场环节的智能监管能力的建设，初步实现了各项业务的贯通，其中两个最主要的核心产品为FPF（从农场到餐桌平台）和"大渡河"（智能畜牧监管平台）。

1. FPF

FPF（Future Pig Farm）是影子科技的核心战略产品，在整个产业链中针对养殖环节的产品，将扬翔集团在养猪方面沉淀了十几年的"5+1"核心竞争力以软硬件融合的方式提供给行业客户，赋能给其他养猪企业，带来实实在在的"降本增效"，是影子科技切入产业以及长久立足产业的根基，如图7-1所示。

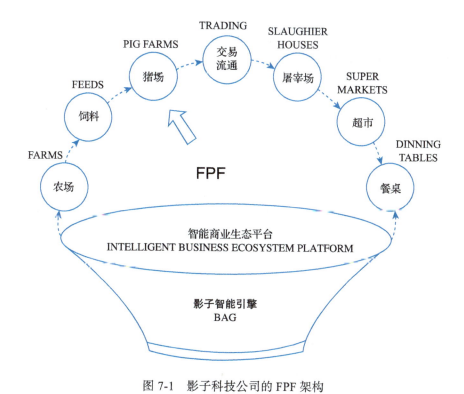

图 7-1 影子科技公司的 FPF 架构

扬翔集团当前的生猪出栏成本能达到 4.8～5.3 元/斤，而行业中其他企业的养猪能力平均为 5.5～6 元/斤，具有明显的"代差级"差距，扬翔集团的核心就是"5+1"能力，如图 7-2 所示，并经过多年科学化管理和技术沉淀。

（1）基因中心

这是选种选配中心，利用科学的选种技术，挑选出优良基因进行培育；利用先进的选配技术，促使优异基因结合起来，产生大量品质优良的后代，通过全球顶尖的基因专家团队围绕猪的基因不断探索和研究，在最影响猪的品质源头进行优化提升，给企业带来最高的商业价值回报。

（2）营养中心

准确评定饲料原料中可利用营养物质的含量，精准评估每只猪的营养需要量，从而智能调整和控制配方设计，实现精准投喂，真正帮助客户降低养猪成本，从而提高养殖利润。

图 7-2 "5+1" 能力管理

（3）生物安全

多年来，扬翔集团通过在生物安全方面沉淀的体系化知识，规范化现代养猪流程，利用先进智能生物安全设备实时监控，对威胁或异常情况发出警报，为动物健康提供强有力的保障，降低动物的生病率、死亡率。以体系化的生物安全架构、流程、规范、规则能力构建起了强大的生物安全能力，凭借此能力，在 2018 年流行的非洲猪瘟给全国生猪养殖带来巨大冲击的大环境下，扬翔集团实现的保留率是行业中为数极少的企业能达到的。

（4）环控中心

通过智能环境控制设施实时监控环境条件，根据不同动物的需求智能调整温度、湿度等指标，为动物提供舒适的生长环境，促进其健康生长。

（5）生产管理

面向业务目标的达成，以任务为表现形态，利用软硬件技术，更科学地帮助企业进行猪场生产管理，实现"降本增效"的业务价值。作为FPF最核心的功能之一，围绕猪只生命周期进行科学的养殖，利用互联网、物联网、智能硬件等技术给用户带来工作效率提升的同时，也能通过多产仔、降低母猪产仔周期、提高料肉比等指标给企业带来实实在在的商业回报。其中，查情器、调膘器等设备均是扬翔集团多年沉淀养猪能力的价值体现，精喂仪则是对扬翔集团在营养方面多年研究成果的产品化体现，这些都是能给行业养殖企业带来直观经济受益的能力。

（6）检测中心

围绕猪场和猪只的生物安全、环控、基因等，提供科学、准确、及时、详尽的检测服务，通过科学检测报告验证业务目标，并最大限度地防患于未然。目前国家对检测中心还处于管控监管状态，是FPF的重要组成部分，但不能构建起相应的竞争壁垒和差异化竞争力。

2. 大渡河

"大渡河"系统实现产业链中养殖场→交易流通→屠宰场环节贯通使命。这几个环节中大部分涉及政府监管机构，核心建设思路是基于影子产业平台特有的能力帮助政府解决"保供给"和"食品安全"这两大问题，如图7-3所示。

畜牧行业经过了20多年的IT系统建设，在各个环节都有了各种IT系统，但这些系统间彼此割裂，缺乏业务实时联动和数据智能能力，从政府监管的角度提供了对应的系统功能，但对于如何提升养殖户的价值以及如何真正实现"保供给、食品安全"，并没有给出解决的思路。影子科技面对这个问题，充分运用了平台思维的建设思想并发挥中台架构的作用，解决当前业务监管联动中的问题，实现一个平台支撑业务链的全局贯通，为食品安全全程追溯打下了基础，并利用平台沉淀的数据研究对应的生猪养殖预测算法，为政府提供"保供给"的决策能力。

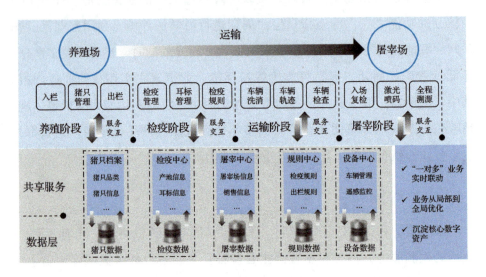

图 7-3 "大渡河"系统

FPF 和大渡河是影子科技产业平台建设的两个重要产品，目前 FPF 不仅在扬翔集团大规模上线，而且有行业内其他大型企业也在使用 FPF 产品来提升企业的生产养殖效能。大渡河在国内部分省市进行了试点，相信接下来会在更大范围内协助政府监管部门进一步加强畜牧业监管方面的数字化能力。

二、中台战略启动与组织架构调整

影子科技在 2019 年 5 月启动中台战略前，整个公司共有员工超过 300 人，这 300 多人中除了资源中心、采购、供应链部门的人员外，其余共有 250 人左右的产品研发团队，这些人被分为了十几个小分队，按照不同产品、不同职能（产品经理、运营）、不同技术平台团队（中台、前端、App、大数据、IoT 等）进行着各自的开发。这样的组织划分从产品功能和运营的角度能很好地覆盖所有的范围，但从一年多的实际运行来看，已经暴露出几个非常严重的问题：

- 缺乏总体架构设计和建设规划，导致团队划分繁杂，人员冗余现象非常严重。
- 不同团队不清楚总体业务目标，团队各自为政带来了巨大的协同内耗，团队间的互相指责和推诿现象已经非常严重。
- 产品线缺乏有力的整合手段，导致各个研发团队研发出的结果在最后的系统集成阶段很难稳定高效地整合，产品上线多次延期。
- 架构在形式上借鉴了中台的理念，但总体架构设计和中台设计都没有按照中台的设计和开发方法实现，使得当前的中台不具备贯通业务链的能力，也不具备中台服务的复用，很难支撑起产业平台的业务可扩展性和持续发展能力。

针对这些问题，影子科技在 2019 年 5 月启动中台战略，按照中台理念重新梳理组织阵型，核心的四个原则如下：

- **效率、效率、效率**。中台建设的核心目的就是提升企业的组织效能。组织调整的核心原则也是为了提升各产品的研发效率，所以如何让不同团队提升协同效率是重中之重。
- **信息透明共享**。让不同团队间形成高效协同的基础是，所有信息都尽可能做到透明共享，不管是中台的服务能力、产品研发流程和进展、产品资料和文档等都要开放共享，这是解决不同部门间信息墙和部门墙的必要条件。
- **所有人业务导向**。企业以业务为建设主线，所有员工应该以业务为导向，避免因为按职能划分部门带来的协同问题，让各团队更紧密地协同为同一业务目标而努力。
- **保持高度认知统一**。影子科技所要构建的产业平台从系统架构建设角度来说，一定是比较复杂的，不可避免会有不同的产品线和研发团队，在这样一个工种多样、部门协同多的组织下，对于人的思想认知、企业价值观都有更高的要求，所以在组织调整中也需要关注这一方面的提升。

三、进行战略认知的统一

要真正落地中台架构，需要对公司整体组织架构进行相应的调整，这必然对于整个公司都会带来不小的影响。在 2019 年 4 月这个时间点，影子科技已经经历了两次大的组织调整，且收效不佳，再进行大的组织调整不仅仅对企业的一线员工，对于现有管理层也会带来困扰和担心：一是认为新来的领导需要树立自己的权威而进行调整，所谓为了调整而调整；二是这样的调整是否能真正解决之前的问题；三是一线员工会认为，公司管理层没有清晰的战略思考和发展路径，盲目进行组织调整。种种类似的原因都给中台架构的落地带来不小的阻力。

所以在进行中台组织架构调整前，需要做一次公司管理层的战略研讨会，特别是针对企业的中高层领导和核心骨干，让大家充分理解公司的战略愿景，并对公司当前所处的环境和面临的主要问题都有一个非常清晰的认知，才有可能理解为什么要进行中台组织架构的调整。

5 月初影子科技所有高层和核心业务负责人进行了为期两天的战略研讨会，采用 BLM 的方法论，明确了影子科技的使命、愿景、1 年和 3 年的战略目标，并对当前的优势和劣势做了仔细的梳理和分析，明确了 7 大应对策略，通过这两天的研讨，让大家的认知达成统一。

战略研讨会后，基于中台理念以及上一节提出的四个调整原则，对组织进行了调整，调整的核心原则是：信息共享、业务导向、提效赋能。

打造影子科技的中台体系，让中台、公共技术部、硬件部作为赋能组织给业务端各产品线提供各种所需的能力，并给各部门配置对应的HRBP，保持各团队成员的价值观和业务认知统一。

调整后的组织架构（如图7-4所示）最大的变化是，将各产品线所需的产品经理、业务专家、前后端研发人员、QA等人员都划归到各业务部门，Web前端、QA、UED、App开发人员从部门编制上属于公共技术部，当产品线需要对应的支持时，则会划入产品线，在产品线工作的这段时间，该员工的考核权在业务部门领导手中。当员工完成该产品线的研发任务后，则回归到公共技术部进行内部的产品或工具的研发工作。

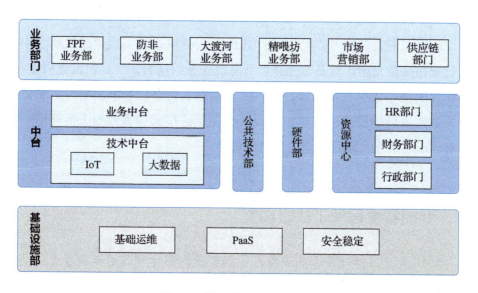

图7-4 影子科技的组织架构

考虑到中台在建设初期没有太多数据中台的工作，不必成立单独的数据中台团队。技术中台中基于原有组织团队建立IoT和大数据团队。IoT原本可以依托各大云平台的物联网能力，无须从头打造一套自己的物联网平台，但考虑到在这套物联网平台上将接入数量巨大的农业、畜牧行业中的各种硬件设备，而各个物联网平台最终竞争的壁垒其实就是对不同场景和设备支持的种类数量，立志做产业互联网的影子科技不能将自己最宝贵的行业场景贡献给潜在的各大技术平台公司（其中大多数是大型互联网、科技公司）。从另一个角度看，IoT 是产业互联网平台的关键技术战略点，影子平台对核心战略点上的技术一定要具备自主可控的能力。综合考虑，影子科技最终决定投入资金打造自己的物联网平台。

平台建设初期采用业界成熟的开源中间件就能满足业务的要求，不考虑单独组建针对中间件运维的团队，出现问题可由团队中的架构师和技术专家协助解决。

成立基础设施部的目的是采用以容器为核心的基础组件构建起影子科技的 PaaS 层，同时加强计算、存储、网络等基础设施和安全防控能力。

从组织调整几个月以后来看，此次组织调整达到了预期的效果。中台基础架构搭建完毕，具备了支撑多产品线业务的能力，产品研发进展正常，组织内的协同效率显著提升。所以通过战略研讨会让大家理解组织变革是公司健康发展的需要，这是中台架构在影子科技成功落地的关键行动，值得有志于组织中台建设的企业参考和借鉴。

四、非洲猪瘟促使了战略调整

2018 年 8 月伴随着非洲猪瘟在我国蔓延，不计其数的养猪企业遭受了巨大的损失。在这样一个黑天鹅事件的影响下，影子科技打造的 FPF 这类精细、科学化养猪产品已经不是养猪企业最关心的，它们在乎的是如何保住所养殖的猪只性命。

针对非洲猪瘟这一行业难题，影子科技如果依然保持战略不变，FPF 这类科学养殖产品何时能再次成为市场的爆点将完全取决于非洲猪瘟何时能在中国得到有效的控制，而从欧洲对非洲猪瘟处理的时间长度来看，情况不容乐观。如何将危机变为机遇，影子科技需要主动拥抱这个变化。在

2019年7月，在启动中台战略两个月后，影子科技果断进行了第一次战略调整，即保持原有FPF、大渡河产品研发的情况下，抽调技术人员进行防治非洲猪瘟（后面简称"防非"）产品的研发，将扬翔在行业内首屈一指的体系化防非能力通过产品的形式输出给行业客户，如图7-5所示，让他们具备和扬翔一样铁桶般的防非能力，为企业提升当前最急缺的防非能力。

从整体战略来说，防非产品在非洲猪瘟这一事件背景下出现，让影子科技可以快速跟养猪企业建立起合作连接，为后续的FPF精细化养殖构建起稳固的销售渠道。

基于初具雏形的中台能力，防非产品在一个半月的时间内就完成了一期的上线试运行，正处于第二期功能开发并启动防非产品商业化输出相关工作的阶段，FPF按照既定计划进行基于中台的重构工作。此时，非洲猪瘟已经给中国的养猪产业带来了前所未有的打击，超过40%的猪只因为非洲猪瘟而死亡，市场上因为生猪供应不足而导致猪肉价格暴涨，已经对国家基础民生产生影响。

总的来说，外部环境有了以下两个大的变化：

- 国家和政府层面对于恢复生猪生产和动物防疫体系建设明确提出举措和要求，意味着政府机构将会按国家政府的指导做出一系列举动来恢复生猪供应、保食品安全，而且这些举动会来得非常迅捷。
- 在猪肉价格暴涨的驱使下，大量企业冒险恢复生产。在超过2倍利润回报的情况下，非洲猪瘟所带来的风险威慑力已经不足以让养殖企业畏惧，甚至行业外的企业和资本都进入养猪行业，而且这些养猪企业在过去近一年与非洲猪瘟斗争的过程中也或多或少积累了各自防非的方法。

针对以上两个外部环境的变化，影子科技果断再次进行了战略调整：

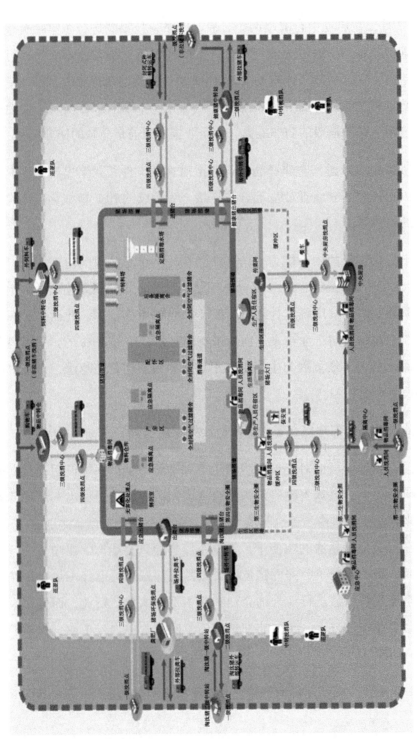

图 7-5 扬翔集团结构化防非体系

- **将"大渡河"作为影子科技最高优先级**。政府对防非的重视和一系列政策的出台,给原本就面向政府监管环节的"大渡河"项目带来了前所未有的历史机遇。在过去一段时间,大渡河团队也对从养殖场到屠宰场端的业务和问题有了一定的了解,制定了解决这些问题的方案,并开发出贯穿整个流程的验证系统,在一定程度上为影子科技突击"大渡河"项目打下了非常好的业务和技术基础。从IT系统建设的角度来说,"大渡河"项目给影子科技带来的商业回报不大,但其贯穿在整个产业链的战略价值尤为重要,这对于影子科技来说是必须获取的战略阵地。总结来说,当前要集中影子科技主力部队攻关"大渡河"项目,尽快完成试点验证,继而辐射更大范围内的监管平台。
- **停止防非产品的研发和输出**。各大养殖企业逐渐构建起了自己的防非能力,小微养猪户也因为非洲猪瘟而退出了养殖领域,防非产品单独输出的时机已经错过,但在防非产品研发过程中对人、车、物品、猪只的生物安全防控能力是养殖企业长期需要的,所以不再研发单独的防非产品,生物安全本身就前面提到的"5+1"核心能力的一个重要部分,将会在FPF产品中得到体现。

截至目前,影子科技经过了两次战略的调整,每一次调整都是针对外部环境、市场的变化而进行的,在不断完善FPF、大渡河产品的同时,因地制宜地调整产品研发优先级和节奏,战略也越来越清晰和聚焦。整个公司没有因为战略调整受到大的影响,绝大多数的员工表示理解和认同。

五、对大数据团队的组织微调

在中台战略启动的组织架构调整后,组织经历了防非产品和大渡河产品的研发工作,在此过程中暴露了一个问题。影子科技原有一个大数据团队,负责大数据平台的搭建、运维,同时支持 FPF 进行相关报表的开发工作。大半年的时间内主要工作还是在大数据平台的搭建和验证上,并没有太多的业务结果产出,整个团队也把自己的职能限定在对大数据相关的支持上,对于业务端的支持不够积极,只是被动等待需求。在 5 月战略会议后调整的组织架构中,他们被划入技术中台大数据团队,从技术中台的定位来讲,确实是给业务提供通用的大数据服务,从而更加加固了他们对自身工作的定位,即对大数据平台的支持,而并不太关注业务的需求以及如何使用数据。从结果来看,整个团队的业务产出不大,尤其在中台建设初期,没有多少有效数据沉淀,也没有对大数据的需求,大数据团队成员不知道该做些什么。

从整体架构的角度,影子科技前期的主要工作应是业务中台的建设,重点是前端业务场景功能的实现,而暂时不考虑数据中台的建设。随着防非产品的上线和大渡河产品的研发,已经对大数据平台有了明确需求,遵从业务导向的原则,应对组织进行进一步的调整,新建数据中台部门,其中包含数据服务中心、算法中心两个团队,将原有技术中台大数据团队调整到数据中台的数据服务中心团队,AI 及算法工程师均隶属数据中台的算法中心团队。这样就让所有员工都能以产品线的业务为导向,以需求驱动大数据平台的建设,而不是像之前那样单纯地、缺乏目的地搭建大数据技术平台。最终调整后的组织架构如图 7-6 所示。

从组织建设这件事情中,笔者的感受是对于一个刚构建起来的技术体系,不应把人放在纯粹的技术中台内,而应尽可能放在与业务更接近的位置,坚定执行业务导向的组织原则。对于如 IoT 这样的战略点则可以例外,进行提前的战略资源投入,保持平台的可持续发展。一旦平台业务发展壮大,对于所依赖的大数据平台有了更高、更复杂的要求,到时再构建单独的技术中台大数据团队,提升大数据平台方面的能力和把控力。

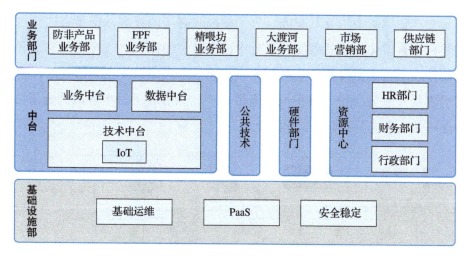

图 7-6　调整后的组织架构

六、影子科技产业平台架构建设

自 2019 年 5 月影子科技正式开启基于中台架构的平台重构征程，到 2019 年年底，已经过去了大半年的时间。从公司整体的战略的角度，经历了从防非到大渡河，再到大渡河和 FPF 并行的调整。从成果来看，基于中台架构构建的影子产业平台初具框架，核心的业务中台、租户/产品/中台运营平台、数据平台都具备了可支撑实际业务的能力，前端应用也有了 FPF、养殖端、监管端 App、监管大屏等近 10 个应用，总体架构如图 7-7 所示。

中台经过近一年的打造，沉淀了面向生产养殖和监管环节的一系列共享服务中心，如注册中心、人力中心、空间中心、设备中心、任务中心等产业互联网平台所需要的基础共享服务能力。下面介绍其中几个服务中心。

1. 注册中心

产业互联网平台会有无数的企业、用户使用，而且涉及海量线下场景的各种物体，比如办公场地、设备、物料、商品、车辆，等等，这些物体在整个产业体系中均有其职能。为了精细和有序地管理，需要将这些物体在平台中数字化，这就需要在平台中设置唯一的标识，以管理和记录下这些物体在平台中所发挥的业务职能。好比一个人如果要在中国生活，必须有公安局发放的身份证或护照等合法证明，只有有了这个合法的身份 ID，才能正常地在这个社会中工作、生活。

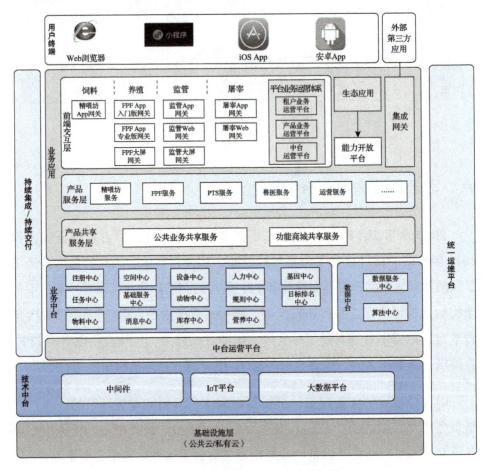

图 7-7　影子科技产业平台总体架构

注册中心的主要功能就是对平台中所有物体进行唯一的 ID 标识管理，其中包含了 ID 的申请、审核、对象绑定、续期、逾期等状态，即所有在平台中的对象都需要有一个合法的 ID 才能被平台所识别，才能行使该对象的职能。

更为重要的是，当平台的生态效应显现出来后，注册中心将成为运营体系中的核心，负责对所有进入平台生态体系的对象进行合法身份的发放及管理，总的来说，注册中心是产业级平台不可或缺的一个基础功能。

2. 人力中心

任何平台都离不开人的参与，这些人中包含了企业的管理者、一线操作人员、平台管理者、运营者等，而且随着平台的发展，所涉及的人员类别会更多。对于人这一重要主体，自然要进行统一的管理。

人力中心就是提供对于人员及人员所在的组织进行管理的相关功能的服务中心。除了要对个人的基本信息进行存储、认证、注册、锁定、注销等管理外，在产业互联网平台中势必要管理人与企业或组织间的关系，而且要支持租户模式，这些都属于人力中心应提供的功能。

对于组织管理，还不能单单提供管理维度的组织树，因为产业互联网平台所涉及的业务环节多，而且是企业的核心业务，所以会遇到从运营维度、财务维度等不同维度构建的组织树，这也是人力中心需要支持的场景和功能。

3. 空间中心

产业互联网平台的建设离不开对线下场景的改造，而线下场景离不开人、物、空间这三个重要元素。在绝大多数场景中一定会涉及人的操作和参与，也必然会有物，而且这些物一定是与这个场景有一定相关性的，否则这个场景就是只有人和空间两者，那人只能处于独立状态，并没有实际价值。这些物可以是一个养殖场，可以是一头猪，可以是一台硬件设备，正是有了这些，场景才能体现出其存在的价值。

而不管是人还是物，都会存在于空间中，空间范围可大可小，大到浩瀚的宇宙，小到微生物寄居的环境。影子科技当前主要锁定从农场到餐桌领域所能承载产业业务的空间，例如：猪场围墙内及舍内空间、猪场围墙外方圆多少平方米的区域空间、屠宰场内部空间等。

为了让人员在这些场景中精确、高效地进行操作，需要将空间之间、人与空间、物与空间进行管理。如果对于某台设备当前正处于整个猪场的什么位置，是不是当前离操作人员最近的这台设备等这些信息都可以准确及时地获取，将这些空间信息与平台中的业务流程整合在一起，将会极大地提升线下场景中的人员操作体验和协同效率。

空间中心正是为了这一目的而构建的服务中心，结合 GIS+BIM 技术还原真实的空间地理信息和建筑内部空间结构信息。空间中心需要把产业的各个参与和管理对象进行抽象化，构建相应的对象模型，依据业务场景需要，允许用户在相应的空间模型中创建不同的对象实例，这些对象实例背后都是基于空间大数据的表现和协同。

基于空间之上的场景数据是最复杂的动态数据，结合时间维度，每个对象都有生命周期，每个对象皆可对其任务进行操作，对象与对象之间在不同的生命周期阶段存在协同关系，等等，如图 7-8 所示。总之，这部分数据是"活"的，是对真实世界的还原，其实已经包含了三维和四维空间。

空间中心在提升线下场景用户体验方面起到巨大的作用，笔者认为它是产业互联网平台中重要的基础平台能力，经过持续建设，会朝着"数字孪生"的方向发展。

4. 设备中心

产业互联网需要依赖海量的硬件设备重构线下场景，对于这些不同类型的设备，需要对设备进行全生命周期的管理。设备中心提供设备类别、状态等数据的管理，除了对设备基本信息、属性的管理，最重要的是对设备指令、在线状态等连接相关的信息进行管理，有了这些信息才能实现平台云端对线下场景设备的实时监控、远程控制、自动检修等能力。

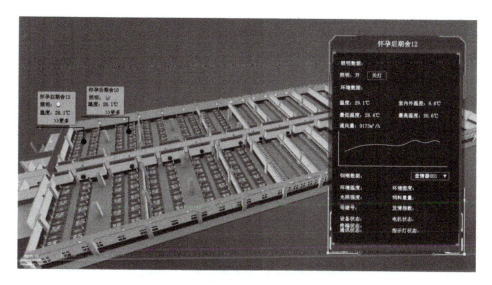

图 7-8　基于空间之上的场景数据

在整个架构中，设备中心负责向上支持各前台业务对硬件设备的管理和指令下发，向下对接物联网平台，将业务端的指令下发，并将硬件端传来的数据返回给业务端的枢纽位置，这是产业互联网平台不可或缺的共享能力。

设备中心会记录下每一个设备在实际场景中运行、故障、检修、稳定性等各种详细数据，依据这些数据会对该设备的品质有一个更准确的评价，基于这些数据和评价可以构建起对设备的优胜劣汰机制，进一步优化整个平台生态。

5. 任务中心

产业场景中离不开业务流程处理，以任务为驱动的操作方式依然是大家最能接受的形态，所以需要提供稳定的流程引擎以及流程运行过程中对产生任务的管理，提升业务响应效率。任务中心就是满足此需求的核心能力组件。

相比传统纯线上操作的流程引擎,支持产业互联网场景的流程引擎会更加复杂,会有不少面向线下场景的支持,如图 7-9 所示。不单单具有角色、任务、业务规则的维度,还会增加线下空间、智能硬件、物品的维度。实现更多维度的可视化流程任务配置,会是产业互联网平台对流程引擎提出的新要求。

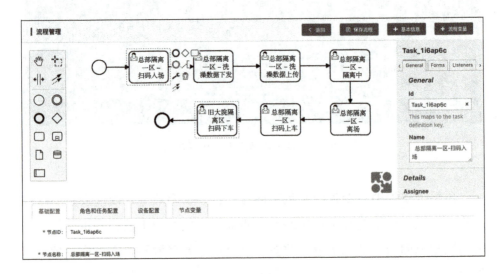

图 7-9　管理流程

以上简单介绍了影子科技产业平台业务中台内几个核心基础服务中心,业务中台还有其他如动物中心、营养中心等与养殖畜牧行业紧密相关的服务能力,在这里不做逐一说明。

除了业务中台,在数据中台领域也沉淀了完善的数据资产治理的相关服务以及核心算法,如基因配种、营养模型、猪脸识别、生猪销量预测等,基于中台的这些服务能力,构建了由中台运营平台、产品业务运营平台、租户业务运营平台组成的三层平台业务运营体系(关于运营体系的建设,具体可参考第四章中的"业务运营体系"一节),并且为了解决多团队业务协同和能力复用的问题,在业务应用部分构建起了三层架构:产品共享服务层、产品服务层、前端交互层(关于为何需要三层架构,可参考第二章中的要素三、要素四）。同时为了保持不同技术开发团队间针对服务共享、中台能力沉淀等协同问题，构建起了中台运营平台，在提升技术团队间协同效率的同时，也为企业数字资产的持续沉淀构建起了规范化的运营机制。

七、项目总结

中台作为影子科技的战略，经过过去近一年的实践和探索，目前公司管理层对基于中台架构实现产业互联网平台的技术方向坚定不移，也坚信中台的架构才是构建产业互联网平台的正确方向。产业互联之路没有参考也没有标准答案，会在很长一段时间内处于探索和尝试状态，前路还会有很多的未知问题和困难，笔者认为中台架构是当前最适合影子平台发展的体系架构，中台将在影子科技产业平台未来的发展中发挥出更大的威力，带来更高的价值。

当前影子科技融合扬翔在生猪基因、营养、生产管理等领域十几年的沉淀，基于中台架构构建的产业互联网平台已经实现了从饲料、养殖、运输流通、屠宰环节的业务贯通，遵循影子科技贯穿从农场到餐桌的使命，后续会逐步延展到更多的产业环节中，以产业平台的方式赋能给行业，为推动行业发展变革而继续努力。

第八章
SaaS 平台架构转型案例

中台的理念和成功实践能有效应对企业纷繁复杂的业务，并做到快速响应，是企业 IT 架构转型的首选，那么自云计算时代涌现的企业 SaaS 平台在架构转型时是否也同样适用？在转型实践过程中会遇到什么样的问题？中台架构如何提升 SaaS 服务商的核心竞争力？本章将通过一家软件科技公司的 SaaS 平台架构转型实践来回答以上问题。

一、SaaS 企业的机遇和挑战

移动互联网推动了云计算产业的发展，SaaS 企业也迎来了新的发展机遇。美国著名的 CRM 云服务厂商 Salesforce 重新得到了人们的关注，这家 1998 年就成立的全球 SaaS 企业的鼻祖，在 2018 年三季度市值超过 1000 亿美金，成为全球 SaaS 企业学习的典范。国内涌现了一批面向企业市场的具有企业服务新资源、新视角、新模式的 SaaS 企业，这些企业以移动应用为切入契机，希望帮助传统企业在应对市场跨界竞争、业务转型时进行信息化建设。这些 SaaS 企业提供移动 CRM、协同办公、移动营销等应用，通过大手笔的市场投入，以移动端的应用形态，通过免费或低价的市场定位，吸引了部分中小企业，给市场带来了一股清新的气息。

　　SaaS 应用将 PC ／ Web 端 CRM、OA（办公自动化）的功能迁移到移动端，解决了销售、外勤人员移动办公的需求，随着用户对移动应用体验的要求逐步提升，应用场景逐渐增多，移动应用场景化、价值闭环的市场诉求对 SaaS 平台提出了新的挑战。SaaS 平台按功能、流程来组合的架构难以满足场景多样化、快速演进的市场需求，同时，场景闭环逐步模糊了 CRM、OA、ERP 等传统企业信息化产品的边界。SaaS 客户之间同类场景需求相似但又有不同，如何快速响应并满足不同客户差异化的场景需求？这些挑战倒逼 SaaS 企业重新思考平台架构如何转型。

　　一些 SaaS 企业试图通过建立应用商城、引入合作伙伴，以开放平台的方式解决业务多样化的需求与企业有限开发服务资源之间的矛盾。然而，实际上这些自建或合建的应用商城、开放平台都没能解决这些矛盾，因为同一平台不同合作伙伴之间的应用无法耦合、打通，不仅导致用户体验烦琐、不一致，还增加了端到端场景贯穿的复杂性。这些问题都让 SaaS 企业必须从业务出发，深入理解业务挑战，采用新的理念来重构平台。

二、SaaS 平台分析

　　中台战略由阿里巴巴集团在电商平台多年实践中提炼而成。互联网巨头的成功给这些理念、软件框架带来了巨大的光环效应，但我们不希望其他公司在讨论架构决策时用的最有说服力的一句话是"淘宝用的也是这个架构"。架构师如果只是仿照成功的互联网公司来确定架构、开发平台而不能辨证论治，只能是一个"庸医"，生搬硬套治不好病，反而耽误了病情。因此我们有必要剖析一下业务挑战和平台架构的关系，例如，SaaS 的业务挑战究竟和平台架构之间有什么样的关系？为什么 SaaS 平台架构转型要靠中台战略来实现？在过去的 20 多年，互联网业务的发展带动了软件架构的飞速发展，那为什么还需要中台战略？

1. 架构如何应对业务挑战

技术为业务而生，为业务而长，也会随业务消亡而消亡，离开了业务谈技术好比无本之木、无源之水。软件架构是技术，但软件架构的演进完全是从业务出发去解决业务问题的。在过去 20 年互联网业务爆发式增长的过程中，软件架构为了适应业务的发展而发展变化，解决了业务发展过程中的一系列问题，软件架构一直沿着应对业务规模增长、用户体验提升的道路前行。

我们可以把业务的挑战分为两类，一类是功能性的，一类是非功能性的。功能性问题是指为解决客户的业务问题提供给使用者的软件业务逻辑和服务，主要靠产品经理通过业务分析、流程设计、交互设计来确定解决方案；非功能性问题是指为确保软件功能正常使用而必须提供的附加能力，例如性能、可用性、可扩展性、安全性，主要靠系统架构师通过系统分析、架构设计来提出解决方案。互联网发展在应对非功能性挑战方面有一系列成熟的模式、框架、模块，例如通过 CDN、反向代理、本地缓存、分布式缓存可以改善软件的性能；通过集群、自动化运维、冗余备份可以提升软件的可用性；通过异步处理可以消除并发访问的波峰，解决软件的可扩展性问题；通过加密、校验、隔离可以提升软件的安全性；这些架构技术基本能够满足 SaaS 业务在非功能性方面的挑战。

而应对业务功能性的挑战在过去 20 多年则归结为产品设计问题。当今天的 SaaS 平台进入海量用户场景化时代，业务的复杂性问题已经不是一个产品经理或者一个产品经理团队能解决的。一个产品经理能管好一个产品、若干场景，但 SaaS 平台要面对数以万计的企业，每一个企业可能涉及几十个场景，每个场景对应数以万计的使用企业，一个场景可能有几十、几百甚至更多的差异化场景的版本，当 SaaS 平台的用户数和场景数增加到一定量级时，管控业务的复杂性就迫在眉睫了。

今天，一个成功的 SaaS 平台面临的就是这样的挑战，需要管理几千、几万量级的差异化场景，如何管理这些应用场景是互联网架构演进中不曾遇到的问题。阿里巴巴集团在电商业务发展过程中遇到了类似的挑战，采用中台架构对业务进行解耦，降低业务复杂度，再通过架构来支撑落地。从业务场景出发，在场景分析、设计、实现的过程中，沉淀出场景中的公共部分，组成业务的共享服务中心，通过共享服务中心对核心服务能力进行面向场景的实现并提升性能。中台战略正是解决业务高度复杂性的良方，需要业务解耦的思维方式和实操，也需要通过对软件架构的扩展来支撑。

2. 中台战略支撑 SaaS 平台转型

SaaS 平台建设之初往往是把传统的企业信息化产品（如 ERP、CRM、OA）搬到移动互联网上，并加上一些体验的优化，产品演进采用迭代开发的方法。在业务发展初期，产品形态单一、团队规模也不大时，这种方法是合适的。但经过几年发展，客户数量快速增长，业务也有了一定的积累，客户对应用场景的需求多样化后，初期产品迭代的方法就跟不上发展了。采用中台战略建设业务中台，可对平台场景进行业务沉淀，有利于应对客户的差异化场景需求。

采用中台建设方式改造 SaaS 平台的基本思路如下：

1）对已有的 SaaS 平台的业务需求进行分析并解耦，找出关键的场景片段进行沉淀。

2）沉淀的服务作为中台共享服务中心来开发运营，由业务架构师来把握，深入解决这个服务片段的业务挑战。

3）将业务解耦为多个共享服务中心后，通过业务数据的持续沉淀，不断通过数据驱动的方式来优化并演进服务。

中台战略是一种思维方式、一套方法学。似乎可以拿治病做类比，一种治病的办法是研制成药，每种药的配方是固定的，医生根据病人的病情诊断后开药，这些药能对大多数病症有效，这种治疗方法的成本在于药品的研制，就好比 SaaS 企业的产品开发模式。另一种治病的方法是名老中医的专家门诊，通过望闻问切，根据病人的情况辨证论治，开的药方也是完全根据个人的体质、病情来配伍，每个方子都不一样，做到覆杯而愈。这种方式相当于项目量身定制模式，但是名老中医的资源有限，病人一多就看不过来，成本也高。还有一种办法是对部分典型且繁杂的病症由该领域的名老中医根据自己的经验开出一些基本的方子和诊断治疗的方法，医生对这些方子学习掌握后，遇到这类病就用这个基本的方子根据患者的具体情况加一味药或减一味药。这样治病方法既继承了名老中医多年经验的优势，又能针对个体做调整，又快又好。中台思想类似于最后这种方法，业务架构师做名老中医做的事情，将这些典型病症的治疗方法提炼出来并沉淀到对应的中台服务中心。

在 SaaS 领域，中台战略可以支持 SaaS 企业的复杂业务挑战：

- **支持一些复杂、高难度的业务需求**。比如涉及一些底层的核心技术，如电商中的商品检索本质上是做好搜索，是有专业门槛的。
- **支持大量客户间相似但不相同的场景**。如果有了中台共享服务中心，可以基于服务中心的服务能力进行整合，也可以基于已有场景快速推出新功能，来满足客户略有差异化的场景需求。
- **支持需求的动态演进**。基于中台共享服务中心，可以通过对现有场景的升级或者新增场景来满足用户的需求迭代。

中台战略通过服务中心建设和基于服务中心的场景建设，很好地适应了 SaaS 业务的海量用户对多场景需求的业务复杂性。

3. 中台战略解耦 SaaS 业务的复杂性

在基于中台架构进行 SaaS 平台转型的实践中，解耦思路是把复杂业务的痛点进行拆解，组合成多个共享服务中心，即将公司原有的业务解耦，把业务分拆为多个场景进行迭代，同时对非功能性需求通过架构设计和部署来解决。SaaS 平台的原有业务架构如图 8-1 所示。

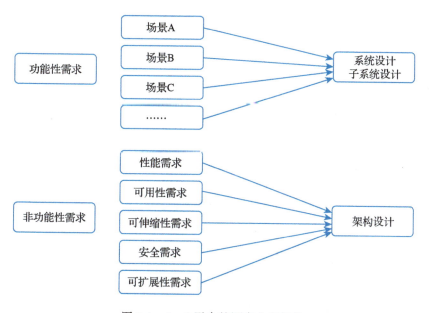

图 8-1　SaaS 平台的原有业务架构

假如在业务的发展过程中，由于很多企业都需要场景 A，导致场景 A 的复杂性大大增强，而且由于场景的演进，使用场景的客户仍然在不断增加，之前做一个可配置的场景 A，对少数客户提供定制服务的模式无法满足业务需求，即使做几个版本场景 A 也无法覆盖成百上千的企业客户的差异性需求，这时就可以采用中台的业务解耦思路，如图 8-2 所示。

把场景 A 分解成场景片段 a1、场景片段 a2、场景片段 a3 等，这样的拆分保持了场景片段之间的松耦合，又对场景 A 进行了降维，方便设计和演进。在满足不同客户对场景 A 的差异化需求时，也可以进行类似的分解，使差异化需求部分可分解为场景片段，这就实现了对复杂业务的解耦。

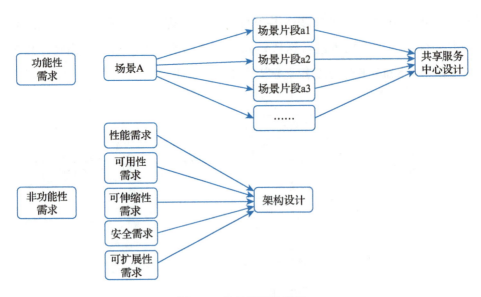

图 8-2　业务解耦的设计

例如有一个新客户也需要场景 A，经分析，不同点就在场景片段 a4，那么就可以复用 a1、a2、a3，新开发 a4，这样就建立了一个新的场景 A1。另一个客户也需要场景 A，但略有差异，我们定义为 A2，对 A2 场景解耦发现 a2、a3 可以复用，a4 需要新开发，a1 不能完全满足要求，这时，我们可以选择复用 a2、a3，新开发 a5 替代 a1，新开发 a4。当然也可以考虑升级 a1，但一般情况下，如果 a1 已经有很多客户在使用，客户对场景 A2 的需求又比较迫切，我们可以选择开发 a5 替代 a1 来解决，a1 的代码可以被 a5 复用，经过验证 a5 有一定的通用性时，我们再将其沉淀到中台服务 a1。解耦后的架构如图 8-3 所示。

我们可以看到，通过对场景解耦，将场景片段沉淀到共享服务中心，可以灵活应对复杂场景的业务演进。而对场景片段解耦后的系统设计、子系统设计，以及非功能性需求的设计，可以参照一般的软件设计方法来进行。

经过中台架构设计，多了一层来解耦业务的复杂性，使得复杂问题分解后变成若干相对独立的问题。中台架构的共享服务中心通过分而治之的方法，划清服务边界再进行深耕细作。共享服务中心为场景应用提供中台服务，也是构建新场景或者场景对不同客户适配时确保快速响应的基础和保障。

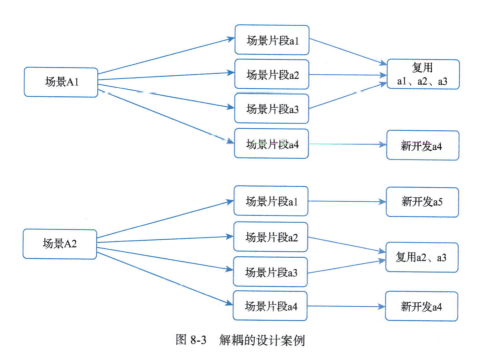

图 8-3　解耦的设计案例

三、中台项目的建设历程

案例公司的中台项目于 2017 年 7 月 1 日启动，按计划分为三个阶段，历时四个月。目标是通过对现有业务解耦，划分中台共享服务中心，重构公司 SaaS 平台，并基于中台共享服务来开发智慧会议业务并进行验证。三个阶段为启动准备阶段、分析设计阶段、开发上线试点阶段。项目内容包括基于现有业务场景的需求分析、业务解耦及共享服务中心划分、架构优化、微服务落地，阿里巴巴 EDAS 的引入及新业务开发。下面重点介绍前两个阶段。

1. 启动准备阶段

启动准备阶段的工作包括确定项目目标和计划、项目团队组建和项目动员和培训。

（1）项目目标和计划

为使中台战略能在公司落地，公司确定了一期的项目目标，决定以建设新平台的方式来验证中台理念，后续再根据业务实际情况采取业务升级改造方式将业务逐步迁移到新平台，这样虽然要新增工作量，但可以保证现有业务能正常运营。

新平台将建立共享服务中心以更好地支持业务场景的开发，以及完整的用户管理、订购、计费结算服务，确保新平台上能支持新业务上线和持续运营。

（2）项目团队组建

基于这样的目标，公司抽调人员建立一个独立的中台项目组，包括若干中台服务中心开发小组、一个业务开发小组，以及中台项目管理小组。中台服务中心开发小组由业务架构师负责，并配备研发、产品设计、交互设计、测试、运维等技术人员。项目经理由公司技术总监担任、产品总监任项目副经理，同时配备了人力资源经理负责团队的建设，项目助理做日常事务性工作。

公司没有现成的业务架构师。按照中台建设的思路，中台业务共享服务中心由业务架构师负责，而业务架构师是公司之前缺少的"军兵种"，与一般的专业人才不同，专业人才基本都可以从市场上招聘，业务架构师则要自己培养。因为业务架构师必须对业务需求了如指掌，能把握服务中心的复杂业务挑战。公司从技术团队中挑选人才来担当这个角色，这个角色应技术功底扎实，有5～8年的研发和架构设计经验，有业务意识，沟通能力强。这些业务架构师人选应参与了以前平台的核心开发，技术能力突出，对公司的业务也有一定的了解。

为了让新组建的团队能尽快成长，更好地运转，项目组特别配备了 HRBP（人力资源合伙人）。这是公司第一次启用 HRBP 的角色，从人力资源团队挑选了一位参与过大型企业组织架构重构项目的经验丰富的人力资源经理，希望这位 HRBP 能深度介入团队工作，在业务架构师培养、团队磨合及效率提升方面能起到关键作用。

（3）项目动员和培训

"磨刀不误砍柴工"，正确的行动来自正确的指导思想。公司管理层深刻认识到确定目标、确定指导思想、确定组织结构和打法的重要性，在项目启动阶段做了充分的动员和培训工作。

决定项目成败的最大问题是人的问题、思维转变的问题。中台战略的落地不是换一个微服务框架、换一个工具或一套方法，其核心是一种新的思维方式，是对业务场景进行解耦和降级。任何涉及思维方式转变的项目都将是非常困难的，困难在于转变思维方式不仅要求参与项目的核心骨干具备深厚的技术功底、业务导向的思维、很强的学习能力，更要具备自我批判、自我否定以及开放思维。团队成员之前的角色是产品经理、架构师、技术经理，每个人都有多年的工作经验，都习惯于原有的方法套路。产品经理习惯于做需求分析、流程梳理、功能点确认。架构师则依赖产品经理的产品设计文档进行系统、子系统划分，模块划分和设计，技术经理在架构师的设计基础上进行编码、实现。然而，业务解耦是一个全新的概念，是大家很容易忽略、不习惯的一个视角。

公司的架构师往往常年专注于技术，即使有市场意识、业务意识，但是其思维的出发点也往往是技术，会不自觉地把大部分的思维焦点放到微服务，甚至是微服务这些组件、平台的安装、使用上，而忽略了中台对业务进行系统性思维的要求，所以架构师面临的最重要问题就是如何理解公司业务的复杂性。

对某个公司来说，理解业务复杂性也就等于理解公司的核心竞争力所在。因此，**SaaS 企业的业务复杂性不在于业务流程的复杂性，而在于如何更好地适应千人千面的业务场景**。架构师不是套用现有的框架就能解决企业平台开发的问题，不是靠标准产品的演进，也不是靠项目的堆积，而是通过中台打造面向企业差异化需求的快速场景构建能力，以及这些场景依托的资源、能力的封装、管理能力，这对公司现有的技术团队来说是一个巨大的挑战。

公司为了帮助大家转变思维，组织了相关学习和培训，认真解读《企业 IT 架构转型之道》一书并组织讨论。该书非常详尽地论述了中台思维的必要性、中台思维的运用，尤其将阿里巴巴集团的电商平台从淘宝到聚划算、天猫的演进过程中对业务、架构、组织的思考进行了详细剖析，便于读者理解中台战略。公司也推荐了托马斯·库恩的《科学革命的结构》一书，理解在科学技术领域，如何从既有的思维演进出新的思维，新思维从既有思维中孕育和发展都有一个过程，最后新的思维框架完全取代旧的思维框架。还请顾问团队对项目团队进行了多次培训。

2. 分析设计阶段

团队组建到位，开始进行平台重构的分析设计。分析设计的目标是从之前的 SaaS 平台架构通过需求梳理、划分出共享服务中心，形成新的平台架构，并对共享服务中心进行设计。

原有平台的业务架构是典型的分层架构，如图 8-4 所示。

平台主要面向企业提供三类场景服务：

- 协同及员工服务场景：如企业通知、消息提醒、会议、培训、考试等。
- 营销及客户服务场景：如市场调查、会员通知、会员活动、客户服务等。
- 行业业务场景：政府、公用事业、金融等面向客户提供的相关业务场景。

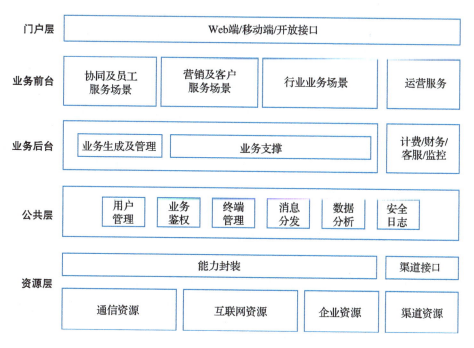

图 8-4　原有 SaaS 平台架构

通过 Web 端、移动端（包括 App、二维码、企业微信、钉钉）、开放接口方式为企业提供信息服务。业务层又分为前台和后台，底层通过对第三方的通信资源、互联网资源、企业资源、渠道资源进行封装，形成业务和服务能力。公共层提供用户管理、业务鉴权、终端管理，还提供消息分发、数据分析、安全日志等公共服务。

经过对业务场景和运营服务场景进行梳理，确定了从业务、运营、公共服务中沉淀出中台共享服务中心。识别业务中复杂且价值大的环节，形成独立的业务共享单元——共享服务中心。基于中台的 SaaS 平台架构如图 8-5 所示。

经过分析梳理，一期项目沉淀了 8 个共享服务中心，原来的业务后台和公共层的部分功能归入中间件，8 个共享服务中心和中间件共同形成了中台，如下所示。

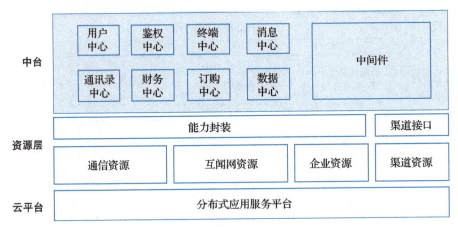

图 8-5 基于中台的 SaaS 平台架构

- "用户中心"除了进行用户管理,还可以通过用户数据的沉淀,对企业及其企业成员(泛指隶属于该企业的平台用户,不限于传统意义上的企业员工)进行深入的了解、画像,为营销、客服、产品提供数据支持。
- "鉴权中心"可以基于子账号按企业、群组、个人进行分级的赋权 & 鉴权。
- "终端中心"可以挖掘移动终端各种服务能力,方便业务在多终端部署,并在体验上做出差异化效果。
- "消息中心"方便实现以企业为中心,面向员工、客户、合作伙伴的消息提醒、消息互动,专注于消息的及时性、场景化。
- "通讯录中心"除了提供企业基础的组织架构服务之外,还可以提供群组、跨企业的组织服务,解决百万用户及以上的组织服务需求。
- "数据中心"提供数据分析服务。
- "账务中心""订购中心"为共享的运营支撑服务。

团队明确了新的平台架构及 8 个共享服务中心后,对工作计划和人员做了明确的划分。根据服务中心的特点,分了 4 个小组,每个小组负责一个或多个服务中心。其中,用户中心、通讯录中心、鉴权中心分为一个组;

订购中心、账务中心分为一个组；消息中心、终端中心各是一个独立的组。数据中心在一期暂不列入计划。没有将8个服务中心分为8个组，一方面的原因是资源有限，更重要的原因是希望降低团队的沟通成本，核心团队能从业务出发，对相关业务和架构有整体的了解和思考。

分成小组后，服务设计开发与实践便是团队相对熟悉的编程实现工作。

3. 项目成果

平台重构进展顺利，随着智慧会议在2018年的年初顺利上线，中台一期项目初步完成了7个共享服务中心的发布，并培养出了几名合格业务架构师。共享服务中心建成后对后续业务场景的交付也起到了非常重要的支撑作用，业务团队更多地关注各自的业务流程和业务逻辑，底层的服务支撑通过中台的建立，极大地提高了业务场景交付效率，降低了业务试错成本。中台项目的实践指明了SaaS平台应对海量企业和千人千面的场景需求的路径。

四、项目总结

项目执行过程中虽然经过精心准备，总体上顺利，但也遇到了一些问题，走了一些弯路，积累了一些经验，在这里和大家分享一下。

1. 如何设计、运营好共享服务中心

共享服务中心是业务的灵魂，来自业务，又要服务业务。要设计、运营好共享服务中心，需要理解服务中心的不同服务形态的优势，以及理解服务中心的渐进性，发挥不同服务形态的优势，共享服务中心和一般只提供接口服务的软件模块相比有更丰富的服务形态，要用好这些服务形态来对业务提供服务，我们有如下体会：

- **设计粒度适中的面向业务的接口服务**。业务接口是主要的服务形态，要从业务出发提供粒度适中的接口服务，方便业务的快速开发。
- **发挥好管理工具的优势**。例如对通讯录中心，可以提供一些配置服务，实现同步更新。对账务中心可以提供稽核工具。
- **必要时提供业务操作界面**。例如对通讯录中心，可以提供一些通讯录管理、更新等界面服务。
- **提供好数据服务**。利用服务中心丰富的数据资源向上层业务提供数据分析服务、实时准确地提供数据，真正做到数据驱动的业务发展演进，这是业务共享服务中心因为共享所提供的数据融合的价值；
- **理解服务中心的渐进性**。服务中心的设计要从业务场景出发来沉淀，不必力求一次性设计到位。实际的业务挑战不深入场景不一定能真正理解，反而容易设计一堆不接地气的功能，浪费资源和时间。在项目进行过程中，有的服务中心就脱离了既有的场景，力图做出一劳永逸的设计，事实证明很多设计都是徒劳的，这也是产品经理或技术出身的架构师容易犯的错误。

2. 如何培养业务架构师

此次项目为公司培养了几名业务架构师，是公司未来业务发展的人力资源财富。短短的四个月，业务架构师是否就长成了呢？我们发现，业务架构师的成长不是一蹴而就的，必须有一个过程，必须经过业务发展的历练，在实践中不断学习业务，并将技术与业务融会贯通。

在项目结束后，参与项目的几个架构师中，有的已经有比较强的业务意识，在服务中心的设计、演进方面已经形成了自己的思维体系，开始形成业务架构师主导的局面。也有的小组，依然是产品经理主导，业务架构师被动地接受业务需求。公司发现，必须具有主动学习精神的架构师才能深入去了解业务、学习业务、思考业务，不断丰富对业务的认识、积累业务经验。

每个服务中心有自己的业务特点和难点，业务架构师的专业也要和服务中心的业务挑战相对应，在接受业务挑战的过程中成长。不同服务中心的挑战不尽相同，例如账务中心的业务架构师就必须懂财务知识，消息中心的业务架构师则要精通高并发的消息服务架构，通讯录中心的业务架构师要精通企业各种组织形态及其之间的关系，并进行抽象建模，还要确保性能和高效。

从架构师、技术经理到业务架构师的转变需要主动理解业务。架构师可以等待产品经理的输入，然而业务架构师作为共享服务中心的领头羊就必须主动去寻找业务挑战，进行业务解耦和工作分解，让产品经理来配合进行部分的产品设计工作。实践过程中，一些业务架构师难以转变角色，产品经理被动地承担了半个业务架构师的工作，最终影响了服务中心的定位和服务能力。四个月的项目期，具有学习能力和开放思维的人最终有机会成长为真正的业务架构师。也有不适合的人，公司及时做了人员调整。

3. 架构如何随着 SaaS 业务成长而不断演进

既然中台架构能很好地应对业务复杂性，那么是否 SaaS 平台建设从一开始就应采用这种方式呢？SaaS 平台的架构转型是否是走了弯路？

SaaS 企业的 CEO 或者 CTO 大可不必有这样的顾虑。架构要随着业务成长而成长，架构不是企业的 DNA，团队的思维才是企业的 DNA。能否长成参天大树由播下去的种子决定，树干是后来长出来的。所以 SaaS 平台也只有发展到一定程度才有必要去用中台思维来重构，初始的时候应关注业务场景的差异化需求，只有业务场景有了用户，对业务场景有了深入理解，才能逐渐沉淀出中台来。对于创新的企业尤其如此，在初始时一定要先关注业务，在业务发展中可以试错。可以重复建设，我们要避免的是不断重复建设。

"架构和业务匹配"是重要原则，这个原则看似简单，实际开发的时候经验不足就会导致架构太大或者架构太小，和业务发展不能很好地匹配，基于中台建设 SaaS 平台的时候要特别注意这类问题。不管何种架构，逻辑清晰、松耦合、高内聚的架构基础都是非常重要的，架构是为业务服务的，如果有好的架构基础，系统设计合理，架构升级、更换都是容易的事情。如果系统设计本身存在诸多不合理性，比如存在深度耦合、前后端结合紧密、业务逻辑和公共服务不分等问题，那么在基于中台进行 SaaS 平台建设时就会碰到意想不到的问题，如服务划分不合理、服务接口设计不合理、业务上线慢等。因此在启动中台建设时，要确保之前的团队软件架构设计、系统设计有足够的素养，架构有一定的良好基础做保证。

SaaS 平台基于中台架构进行重构时，可以选择平台整体改造迁移的方案，也可以采取逐步迁移的方案。平台重构演进的路径选择核心是对交付周期的把握，即中台建设要避免建设周期过长的问题。SaaS 平台提供的场景服务，业务本身不断在演进，周期定得长了，业务不断变化，会影响业务发展。因此建议采用 3~4 个月的项目周期，在定架构时就要有所取舍，是做整体业务的迁移还是逐步迁移，取决于系统的规模。本案例公司定了 4 个月的项目周期，顺利完成项目一期，跟上了业务发展的步伐。

架构的灵活演进需要架构师有丰富的实践经验和扎实的技术功底，需要具备业务解耦的思维，要把技术和业务进行融合，根据业务发展来灵活应对。

4. HRBP 的作用

以下是案例公司在实际中台建设过程中，为了增强企业人员对中台建设的认知，HRBP 所做的努力和采取的方式，在实践中表现出不错的效果，在此分享给大家。

（1）团队人员的性格评估

中台团队由哪些性格的人员组成，在某种程度上决定了这个团队的整体做事风格和态度，从人力资源管理的视角，需要定期对中台团队的人员进行评估，找出团队发展的人才短板，并针对评估的结果做出相应的举措。性格评估有多个维度：灵活创新、外向热情、自信信任、鼓舞型、周密严肃、睿智亲和、实干型、追求卓越、专业纵深等，通过将团队中的成员与这些性格维度进行匹配，就能得到不同团队的人员不同性格的分布情况，如表 8-1 所示。

表 8-1 各团队成员不同性格的分布情况

	用户中心	商品中心	交易中心	营销中心
灵活创新	0	3	7	6
外向热情	10	0	9	0
自信信任	0	4	10	11
鼓励型	0	6	0	6
周密严肃	10	16	12	10
睿智亲和	0	4	20	23
实干型	10	5	22	27
追求卓越	20	14	22	14
专业纵深	0	11	21	16

基于不同性格员工的数量及分布，就能大致分析出团队在哪些方面需要增强，从而对接下来的人才引进和培训有很好的参考价值，从表 8-1 中的数据就能得出如下一些结论：

- 用户中心：缺少具备创新能力、全局计划、自信、包容性和专业钻研精神的员工。
- 商品中心：缺少具备创新能力、外向型、激励士气或鼓舞型员工，并且在专业纵深领域需要进一步加强。
- 交易中心：缺少具备创新能力、外向型、激励士气或鼓舞型员工，并且在自信、承诺必达、全局计划方面需要进一步加强。
- 营销中心：缺少具备创新能力、外向型、激励士气或鼓舞型员工，并且在自信、全局计划性、追求卓越和专业纵深领域方面需要进一步加强。

（2）定期复盘会议

当中台的架构构建起来并开始运转后，因为系统建设方式的不同带来了团队协同方式的不同，同时伴随着工作边界的改变，不可避免会让有些员工产生不适应和抵触情绪，如果对这样的情绪不及时感知和解决，很容易造成认知的不统一并因此带来的内耗，甚至出现员工流失的现象。

通过定期或者阶段性复盘会议的方式，通过团队对过往一段时间出现的问题进行探讨，能弥补中台运营中的不足和提升能力。例如，在一次复盘会议过程中，针对某一个中心在需求澄清、研发实施、联调测试等阶段遇到的问题进行了讨论并提出了解决方案，如表8-2所示。

这能让员工对问题的认知和全局感知有一个更清晰的认识，并通过解决这些问题提升中台的能力以及运营规范。

复盘会议中，让员工也发表在中台运营过程中的体会和感受，畅所欲言，让每一个员工通过对典型问题的不断思考，加深对中台架构的理解和统一认知。以下是中台团队员工经常要思考的问题：

- 中台的服务中心对企业业务到底带来哪些价值？
- 衡量服务中心给业务价值的指标或表现有哪些？
- 从中台的角度，如何更好地支持业务？

表8-3是通过复盘会议的方式，针对以上问题所形成的团队共识，这样的方式给员工带来的认知相比领导的灌输或者通过书籍学习一定更加深刻。

表 8-2 复盘会议中的讨论以及解决方案

阶段名称	主要工作	预期情况	实际情况	差距与优化	行动建议	备注
需求澄清	1. 定义中心能力 2. 中心边界划分 3. 明确中心价值 4. 了解业务需求 5. 中心项业务反向澄清 6. 中心的概要设计与详细设计 7. 中心接口文档 8. 中心说明书	1. 与业务目标一致 2. 中心的需求可制成业务，符合业务的实际需求	初期沟通业务需求后发现，需求存在差距，经过多次沟通，从中心能力层面与业务运营场景结合进行调整，最终达成一致	对业务的实际场景需求有认识上的偏差	从实际业务场景出发，业务场景客户要详细的描述清楚需求，中心要提炼关键能力，中心要结合该能力，给业务提供有效建议	如：业务说开 5 场会议，人数 1000 人。那么，是每场会议 1000 人还是 5 场会议一共 1000 人，这些都需要澄清
研发实施	1. 明确中心的架构 2. 提取公共模块 3. 梳理代码规范 4. 对需求的实现	按照需求进行设计开发	开发中存在架构性不明确，业务逻辑不清晰，导致开发存在反复	在架构时，要有预见性，各方向标不明之处	整体架构性的考量，并进行全流程规划，建立规范，明确各方目标，统一建设	业务中台与公司中台的边界划分要清晰
联调测试	1. 与中心之间完成接口联调 2. 与业务之间完成接口联调	完成所有接口的联调	虽然完成了接口的联调，但是依然存在接口不满足需求的情况。由于接口文档不清晰，导致联调进度缓慢，由于环境问题，导致联调缓慢	完善接口文档及规范	前期尽可能在开发环境中调试接口，尽量避免测试环境中随意发布服务以及进行接口的更新	需求了解 - 接口规范 - 发布规范

表 8-3　针对问题讨论所形成的团队共识

问　　题	讨　论　结　果
中心的工作对业务产生什么价值？	1. 快速帮助业务进行功能搭建，支持业务快速迭代 2. 节省开发成本、节省公司资源、提高投入产出比 3. 支持试错功能、创新功能 4. 弹性、共享、业务沉淀
衡量中心对业务价值的指标或表现有哪些？	1. 价值指标：调用量、稳定性、响应时间、支持的并发数 2. 用户量、客户增长率、KPI、业务调用量 3. 业务方的满意度、市场的接受度 4. 降低成本、收入提升，投资回报率 5. 沉淀业务数据、丰富业务场景、能力数据一致性
从中心角度，如何更好地支撑业务？	1. 提高稳定性，做好共享、开放 2. 性能不下降，快速响应，提高并发量 3. 提炼更多符合业务的能力，价值沉淀，提升专业度 4. 努力成为某个业务领域的专家，更好地提供建议，更好地抽象业务

推荐阅读

推荐阅读

奇点临近

作者：(美) Ray Kurzweil 著 译者：李庆诚 董振华 田源 ISBN:978-7-111-35889-3 定价:69.00元

  人工智能作为21世纪科技发展的最新成就，深刻揭示了科技发展为人类社会带来的巨大影响。本书结合求解智能问题的数据结构以及实现的算法，把人工智能的应用程序应用于实际环境中，并从社会和哲学、心理学以及神经生理学角度对人工智能进行了独特的讨论。本书提供了一个崭新的视角，展示了以人工智能为代表的科技现象作为一种"奇点"思潮，揭示了其在世界范围内所产生的广泛影响。本书全书分为以下几大部分：第一部分人工智能，第二部分问题延伸，第三部分拓展人类思维，第四部分推理，第五部分通信、感知与行动，第六部分结论。本书既详细介绍了人工智能的基本概念、思想和算法，还描述了其各个研究方向最前沿的进展，同时收集整理了详实的历史文献与事件。

  本书适合于不同层次和领域的研究人员及学生，是高等院校本科生和研究生人工智能课的课外读物，也是相关领域的科研与工程技术人员的参考书。